AF242916

RÉPONSE

AU RAPPORT DE M. ALFRED MONNET

Sur les marchés passés dans la Haute-Garonne pour l'habillement
et l'équipement des Mobiles et des Mobilisés

Par M. ARMAND DUPORTAL.

Au nom de la Commission parlementaire chargée d'examiner tous les marchés passés par les administrations publiques depuis le 18 juillet 1870, M. Alfred Monnet, député des Deux-Sèvres, a fait, sur l'habillement et l'équipement des mobiles et des mobilisés de la Haute-Garonne, un rapport qui incrimine mon administration, d'une manière d'autant plus fâcheuse que, tout en déclarant avoir « éloigné de son esprit les préoccupations politiques et celles des personnes », l'honorable rapporteur a puisé tous les motifs de sa critique dans un document inspiré par la passion politique la plus avérée, par le sentiment le plus regrettable de l'esprit de corps et basé sur de grosses erreurs dont j'ai le regret d'avoir à démontrer la coupable préméditation.

Avant d'aborder les questions de faits et de chiffres desquels doit ressortir la justification que je poursuis, je dois relever, au nom de mes concitoyens, l'accusation gratuite que le député des Deux-Sèvres, ancien maire de l'Empire, n'a pas craint de diriger contre le patriotisme des méridionaux en général et des habitants de la Haute-Garonne en particulier. Le rapport de M. Monnet commence en effet par les lignes suivantes :

« Par son importance et sa situation, le département de la Haute-
» Garonne avait à jouer un rôle de premier ordre dans la défense
» nationale, et nous allons avoir le regret de constater que cette pa-
» triotique mission n'a été accomplie ni avec la rapidité rendue indis-

» pensable par les événements, ni avec l'esprit d'union qui seul pouvait
» permettre l'espérance du succès.

» La France vaincue et envahie devait surtout compter sur ceux de
» ses enfants, auxquels la Providence épargnait la cruelle préoccu-
» pation de voir la lutte s'engager chez eux. N'était-ce donc pas de là
» que devaient partir des secours féconds ?

» ..... Nous verrons que là où le sang méridional aurait pu faire
» redouter une précipitation téméraire, on trouve au contraire des
» lenteurs inexplicables, et que, notamment, les Mobilisés de la Haute-
» Garonne n'ont été prêts à entrer en campagne qu'au moment où se
» signaient les préliminaires de paix. »

J'ignore par quels exploits les administrés de M. Monnet, plus ex-
posés que nous aux périls de l'invasion, ont tenu les prussiens à distance
du pays où fleurit la verte angélique ; l'histoire déjà si bien faite de la
résistance des départements est muette à cet égard. Quant à nous,
méridionaux au sang téméraire, comme dit si poétiquement le collègue
de M. Lorgeril, la suite de cet écrit dira ce que nous avons fait et si le
nom d'*immobilisés*, que le cruel rapporteur jette avec autant d'esprit
que de dédain aux recrues de la Haute-Garonne, est mieux mérité que
ses critiques sur leur équipement. Ajoutons toutefois que si le résultat
de nos efforts justifie, si peu que ce soit, les reproches et les lardons du
belliqueux et spirituel député de Niort, il n'en faut accuser que les at-
teintes portées par ses amis les royalistes à cet « esprit d'union » qui,
d'après lui, « pouvait seul permettre l'espérance du succès. »

Dès les premiers jours de septembre, et sans attendre les mesures
de salut public prises plus tard par le gouvernement, le conseil muni-
cipal républicain de la ville de Toulouse votait spontanément un em-
prunt de quinze cent mille francs pour sa part contributive dans les
dépenses de la défense nationale ; il faisait établir en outre quatre
batteries d'artillerie de 12 et les offrait, armées, habillées et équipées,
au gouvernement, sans préjudice de ses nombreux sacrifices pour l'organisation de plusieurs compagnies de francs-tireurs volontaires.

Le 28 septembre, les comités de défense de douze départements méridionaux, convoqués à Toulouse par mes soins et représentés par leurs
membres les plus patriotes et les plus distingués, déclaraient à l'una-

nimité qu'en présence des exigences du roi de Prusse toute pensée de paix devait être ajournée tant qu'un soldat prussien foulait le sol national, faisaient acte de soumission absolue au gouvernement de la défense nationale, en quelque lieu qu'il fût contraint de transférer son siége, et votaient la levée en masse de la nation, pour continuer la guerre à outrance, sans se soumettre jamais aux conditions de paix qui pourraient être proposées si Paris venait à succomber. Pour assurer l'exécution de ces mesures énergiques, le congrès des comités réunis engageait tous les départements méridionaux à s'imposer extraordinairement d'un million chacun, mettait à la charge des communes et des départements les secours à allouer aux familles malheureuses des citoyens appelés ou morts sous les drapeaux, et décidait l'envoi auprès du gouvernement de Tours de délégations chargées de lui apporter l'expression de ces vœux, avec prière de conférer aux préfets tous les pouvoirs nécessaires à leur prompte réalisation.

Portées, par voie d'affiches, à la connaissance des populations rurales, ces dispositions patriotiques les enflammaient d'un tel enthousiasme que, dès le lendemain, les communes voisines de Toulouse accouraient à la préfecture, sous la conduite de leurs maires, demander leur armement immédiat sans distinction d'âge ni d'état social, me donnant toutes l'assurance qu'elles étaient prêtes à tous les sacrifices d'hommes et d'argent pourvu qu'il n'y eût de privilége ni d'exemption pour personne. Instruit de la haute signification de ce mouvement national, le gouvernement de Tours ajouta à mon titre de Préfet celui de Commissaire à la défense nationale et régla avec les délégués de la Haute-Garonne les bases d'un décret rectificatif ou complémentaire de celui du 29 septembre, afin d'étendre à tous les citoyens l'appel fait aux seuls célibataires pour la garde mobilisée.

Je pourrais accumuler ici les preuves de l'enthousiasme effectif des populations méridionales. Je crois inutile d'insister davantage à cet égard, d'autant mieux que la suite de ce mémoire prouvera à M. Monnet et à quiconque s'associerait à ses injustes et désobligeantes accusations que les actes de mon administration ont toujours devancé en quelque sorte l'élan de l'opinion publique et que, loin de « révéler la situation du pays » sous les tristes couleurs qu'il lui plait de lui donner, les marchés passés pour l'habillement et l'équipement des Mobiles et

des Mobilisés sont au contraire la preuve la plus concluante de la sollicitude patriotique apportée par tous à l'accomplissement de l'œuvre
nationale qui nous incombait.

Du reste, le procés que fait M. Monnet aux « lenteurs inexplicables »
qu'il signale dans l'organisation des Mobilisés de la Haute-Garonne,
est une manière ingénieuse de faire, à la « dictature née des événements » le reproche de « n'avoir pas su éviter les dangers d'une politique ardente ». On ne comprendrait pas trop comment une telle politique
aurait pu n'enfanter que des lenteurs, si le judicieux rapporteur ne ren-
dait sa pensée plus claire en ajoutant : « N'était-ce pas introduire un
terrible élément de défiance et de division là où l'union était si nécessaire ? » — Traduction en langue vulgaire : La défense nationale eût été
plus efficace si les royalistes ne s'en fussent, en très grande partie, dé-
sintéressés, en haine de la République. — Nous sommes sur ce point
complètement de l'avis de M. Monnet.

« C'est, ajoute le rapporteur, surtout dans les départements du Midi
» que cette situation s'est accentuée. Il importe donc de lui restituer la
» part qui lui appartient dans nos désastres. » Et dans ce but, complètement dégagé, comme on le voit, des « préoccupations politiques et de
celles des personnes », le rapport entre en matière par deux grosses
inexactitudes, dont la première consiste à dire qu'au lieu de 10,000
hommes nous n'en avons équipé que 4,000, et dont la seconde, em-
pruntée d'ailleurs à un document mensonger dont nous parlerons
plus bas, affirme contre toute vérité que, « alors que toutes les gardes mobilisées du territoire étaient prêtes à donner leur concours à la
défense nationale, la garde mobilisée de la Haute-Garonne seule n'était
pas équipée et n'aurait pu être activement employée qu'à l'époque où se
signaient les préliminaires de paix. »

Nous n'aurions équipé que 4,000 Mobilisés. Qui a donc pu se moquer
de la sorte de M. Monnet et de l'Assemblée nationale, au nom de laquelle il informe et rapporte ? A la lecture de ce rapport, ou plutôt dès les
premières indiscrétions qu'en publièrent les journaux de scandale, je me
fis apporter de la préfecture les documents officiels, et j'y trouvai la preuve
irrécusable que le magasin d'habillement et d'équipement, approvi-

sionné de tout en abondance dès les premiers jours de janvier, avait distribué aux mobilisés :

8,166 tuniques,
7,500 capuchons,
8,348 pantalons,
4,635 capotes,
8,060 képis,
7,431 ceinturons et gibernes,
17,622 chemises,
9,486 caleçons,
8,278 cravates,
10,452 gamelles,
7,977 paires de guêtres,
7,708 havresacs,
7,405 livrets,
9,550 tricots,
15,925 paires de souliers,
8,091 couvertures,
8,016 tentes-abris.

Voilà comment je n'ai équipé que 4,000 hommes! Et c'est ainsi qu'un député, membre d'une commission d'enquête nationale, induit en erreur grossière par les agents du pouvoir chargés d'éclairer sa religion, s'est trouvé exposé à recevoir publiquement le démenti que le soin de ma réputation me commande de lui donner, et que je lui eusse épargné si, par le plus élémentaire des procédés, la plus vulgaire des convenances, il eut bien voulu m'entendre avant de lancer son factum à la malignité publique. Je dirai tout-à-l'heure d'où lui viennent ces informations sciemment mensongères, et les causes de la déloyauté qui y a présidé; je dois d'abord poursuivre la démonstration de leur fausseté, et repousser la responsabilité qu'on s'efforce de m'attribuer pour le départ des mobilisés de la Haute-Garonne, ni plus ni moins tardif, d'ailleurs, que celui des mobilisés des autres départements.

Nos mobilisés formaient un effectif total de 11,542 hommes, réduit à 7,583 par les réformes, les désertions et le prélèvement fait en faveur des armes spéciales comme l'artillerie, composée de cinq batteries, une compagnie de génie, un escadron et une compagnie d'infirmiers détachée au camp ; soit en tout 8,600 hommes tous habillés et équipés, quoi qu'en disent M. Monnet et M. Lorois, secrétaire général de la préfecture de la Haute-Garonne, dont M. Monnet invoque le témoignage comme une « garantie de certitude complète ». On ne paraît pas fort sur les conditions de la certitude dans le département des Deux-Sèvres !

Quant au départ des mobilisés pour le camp des Alpines, voici comment sa date et cette destination ridicule me sont imputables.

Le 3 janvier 1871, en réponse à cinq questions posées par M. le ministre de l'intérieur et de la guerre, je lui écrivais :

« L'effectif des mobilisés de la Haute-Garonne est de 11,000 hommes d'après les contrôles ; mais ce nombre est réduit à 8,000 environ par les batteries d'artillerie, les compagnies du génie et hors-rang, par les versements d'hommes à la mobile, par les réquisitions nombreuses du Camp et de l'Intendance, par les réfractaires dont le voisinage de l'Espagne favorise la couardise.

» L'habillement, l'équipement et le campement sont complets. L'habillement est chaud grâce à d'excellents tricots de laine, à de bons caleçons et à des capuchons. Cependant, si le départ devait être différé d'un mois, je pourrais donner en outre à nos mobilisés des capotes que je destinais au second ban.

» Le barraquement du camp n'étant pas prêt, et la ville de Toulouse regorgeant de troupes et d'établissements hospitaliers, nos mobilisés n'ont encore pu être concentrés, en dehors de Toulouse, que par groupes de quatre ou cinq compagnies dans les centres les plus importants.

» La légion de Toulouse est bien exercée en général. On est moins avancé dans les deux légions rurales. Il y a partout lieu de regretter le retard qu'apportent dans la moyenne de l'instruction militaire les nombreux mobilisés occupés aux fournitures et les mécontentements qu'engendrent ces exceptions.

» Le cadre des officiers est généralement bon comme activité et comme intelligence. Quelques-uns cependant, animés d'un esprit réactionnaire, profitent de la position qu'ils doivent à une surprise électorale pour semer l'agitation signalée par la municipalité de Bordeaux. Aussi, serais-je d'avis d'enlever au corps d'officiers la nomination des chefs de bataillon, que j'ai ajournée à dessein. »

A la suite de ces informations précises, M. le ministre de l'intérieur me donna l'ordre de livrer, dès le 11 janvier, les mobilisés au service de la guerre ; mais cette mesure ne put être consommée définitivement que le 19, par suite d'une difficulté bureaucratique que la dépêche suivante explique, en même temps qu'elle témoigne de mon insistance pour que nos mobilisés fussent dirigés, non sur le camp des Alpines, mais vers l'ennemi. Le 17 janvier 1871, j'écrivais au ministre de l'intérieur et de la guerre :

« Conformément à vos instructions, j'ai livré les mobilisés au service de la guerre ; mais comme le général déclare n'avoir pas reçu d'ordres à ce sujet, il hésite à en donner. Il serait pourtant bien nécessaire de faire intervenir la discipline militaire à l'égard des mobilisés de Toulouse. Pendant que les bataillons des arrondissements ruraux font très exactement l'exercice, ceux de la ville, sous le prétexte que bon nombre de leurs camarades s'en affranchissent en travaillant dans les ateliers de la guerre, sont de moins en moins assidus. Je vous serai obligé de prendre des mesures à cet égard. La meilleure, à mon avis, serait d'envoyer au feu la légion de Toulouse, dont le contact pervertirait les deux autres, au point de vue de la discipline, bien entendu. »

Le ministre me répondit le 20 : « Une dépêche du 11 janvier, confirmée le 18, a prescrit au général commandant la division de recevoir vos mobilisés ». Mais je ne me tins pas pour satisfait par ce simple changement de main, et le jour même j'écrivais au ministre :

« J'insiste pour que vous donniez le plus tôt possible une destination aux deux bataillons de mobilisés de la ville de Toulouse. Ils se démoralisent et se mutinent contre leurs chefs à cause du grand nombre d'ouvriers mobilisés que nous sommes obligés de maintenir chez les fournisseurs de la guerre Conformément à vos ordres, je les ai livrés au général commandant la division, mais je crains que cette mesure n'augmente le mécontement au lieu de le contenir. »

Ainsi, il est bien avéré qu'à part l'instruction militaire qui leur manquait et que le temps seul peut donner, les mobilisés de la Haute-Garonne étaient prêts dès les premiers jours de janvier, et que s'il régnait parmi eux un certain esprit d'indiscipline, il était la conséquence des circonstances d'abord, ensuite de l'influence fâcheuse qu'exerçait sur eux le royalisme, par ses journaux et par tous les agents de discorde que le préfet de la Haute-Garonne n'a cessé de dénoncer au pouvoir, qui lui répondait : « Faire de la politique, c'est bien ; faire de la défense nationale, c'est mieux. » Je crois avoir prouvé que, dans mon administration, l'un n'excluait pas l'autre. J'ai aussi prouvé que ce n'est pas ma faute si nos mobilisés n'ont pas été plutôt utilisables et utilisés. La conclusion de l'armistice et de la paix a dû seule les retenir d'abord, et c'est, dans tous les cas, au ministère capitulard qui a succédé à celui de la défense nationale qu'il faut renvoyer la responsabilité de cette grotesque promenade au camp des Alpines, qui donne tant de fierté martiale à certains petits Thémistocles de la basoche qui y sont allés.

Et, maintenant, en admettant que cette mise en ligne de nos mobilisés ait été tardive pour la délivrance de Paris, est-on fondé à dire, comme le fait le rapport de l'officier d'habillement Aubert répété par M. Monnet, que SEULS les mobilisés de la Haute-Garonne n'ont pu être activement employés ? Qu'on nous désigne, en dehors des départements envahis ou voisins de la guerre, un seul département qui ait fait, je ne dis pas plus, mais autant que celui de la Haute-Garonne, pour la résistance, et qui ait été plutôt que lui en mesure d'intervenir activement. Loin de moi la pensée de repousser aux dépens de mes collègues les accusations que le royalisme dirige spécialement contre moi, à cause de la notoriété de mon radicalisme républicain. Mais nous avons vu les mobilisés de tous les départements voisins venir au camp de Toulouse ; nous savons quand et en quel état d'équipement ils y sont venus. Plusieurs de mes collègues se sont même adressés à moi pour arriver à trouver des entrepreneurs pour leurs fournitures, comme on le verra par la suite de ce mémoire, quand je justifierai les commandes considérables que j'ai faites et que le rapport impute à plaisir à mon département pour grossir mes dépenses et élever à un chiffre audacieusement mensonger le prix de revient de l'équipement des mobilisés de la Haute-Garonne.

Nous avons, certes, tous fait notre possible pour seconder l'activité fébrile du grand patriote qui avait courageusement accepté le glorieux mandat de délivrer Paris et de sauver la France, et il ne faut rien moins que l'impérieux devoir de ne rien laisser subsister d'un rapport inspiré par d'odieuses passions politiques pour me déterminer à dire un mot de ce que nous savons des mobilisés de quelques départements.

Vers la fin de décembre, les mobilisés de trois départements envahis, n'étant pas en état de se défendre, furent envoyés à Toulouse. Leur état était déplorable, à tel point que, le 24 décembre 1870, j'écrivais au ministre de l'intérieur et de la guerre :

« Les mobilisés de la Côte-d'Or, de l'Aube et de Seine-et-Marne, que nous avons à Toulouse, sont mal vêtus et manquent de couvertures. Autorisez, je vous prie, l'Intendance à me livrer ce qui leur sera nécessaire, car le Camp me les renvoie, et la population accuse mon impuissance d'indifférence ou d'incurie. Je n'ai pas non plus les moyens de les loger si le gouvernement n'autorise pas le licenciement des colléges et séminaires. J'ai déjà obtenu l'assentiment de l'Archevêque pour ces derniers. »

Quelques jours plus tard, le 9 janvier 1871, j'écrivais au ministre :

« On vous a fait un tableau inexact de la situation des mobilisés de la Côte-d'Or, de l'Aube et de Seine-et-Marne. Ils sont tous arrivés ici dans un état d'habillement et d'équipement déplorable, et j'ai dû échanger plusieurs dépêches à ce sujet, soit avec le gouvernement, soit avec les préfets des départements respectifs. Tant que ce dénûment a duré, la discipline a nécessairement souffert de cet état des choses; mais, à la suite de mes instances, l'Intendance les ayant pourvus de tout, moins les couvertures, l'ordre a été parfaitement rétabli, et depuis quelques jours les mobilisés de ces départements font régulièrement l'exercice. »

Enfin, le 9 janvier, j'adressais au ministre la dépêche suivante, qui répond à plusieurs des griefs du réquisitoire de M. Monnet :

« Vous devriez bien donner des ordres pour que les mobilisés de l'Aube, de Seine-et-Marne et de la Côte-d'Or fussent dirigés sur un corps d'armée aussitôt qu'ils auront reçu le complément de leur équipement. Ils sont prêts à entrer en ligne ou ne le seront jamais. Ils se démoralisent et ruinent leur santé à se nourrir isolément. Nous regorgeons de malades, et ils en fournissent la majeure partie par suite de la vie de taverne qu'ils mènent. Si vous nous en débarrassiez, je centraliserais de suite les mobilisés de la Haute-Garonne à Toulouse. »

Ces dépêches prouvent avec quelles difficultés l'administration de ces temps d'épreuves était incessamment aux prises; elles témoignent aussi de sa sollicitude, et expliquent, au besoin, le retard que le rapport de la Commission parlementaire veut absolument mettre à ma charge, accusation dont on a pu reconnaître déjà le peu de fondement.

Nos mobilisés n'allèrent pas au camp de Toulouse. Bien que ce camp soit encore pour l'administration de la Haute-Garonne un témoignage de sa patriotique activité, — car grâce au zèle, au mérite et au dévouement du jeune ingénieur qui en était chargé, il fut, avant tous les autres et dans d'incomparables conditions de bon marché, prêt à barraquer 30,000 hommes lorsque tous les autres camps cherchaient encore des entrepreneurs, — je résistai aux instances qui me furent adressées pour le faire occuper par nos mobilisés avant qu'il ne fût complètement installé. Une dépêche que j'adressais au ministre le 25 janvier atteste si ma sollicitude était fondée, et témoigne en même temps de l'esprit qui animait les mobilisés des départements travaillés par le royalisme. Cette dépêche était ainsi conçue :

« Ainsi que je le disais, il y a quelques jours, le camp de Toulouse n'est pas, de l'aveu même des ingénieurs, en état de recevoir les mobilisés avant qu'on l'ait assaini, ou du moins avant que la température soit moins humide. L'administration du camp, impatiente de s'affirmer, a passé outre et a appelé les mobilisés du Gers. Dès l'arrivée du second détachement, des faits de sédition et de résistance violente se sont produits hier. L'énergie du général Demay en a eu raison ; mais en sera-t-il de même lorsqu'il y aura huit ou dix mille hommes au camp ? M. Demay m'apprend à l'instant qu'il vient de découvrir parmi les mutins un projet d'incendier le camp. J'instruis cette affaire, persuadé que la main des royalistes est là-dedans. Ne pensez-vous pas qu'il serait sage de suspendre le mouvement de concentration ordonné ? C'est l'avis du général Nansouty et le mien. »

Ce mouvement de concentration ne fut pas contremandé ; et nous vîmes successivement arriver au camp les mobilisés du Gers, des Hautes-Pyrénées, du Tarn, de l'Ariége, de l'Aude et de la Lozère, etc., en tout 25,000 hommes environ, qui sont précisément ceux sur l'équipement desquels M. Georges Périn, inspecteur des camps régionaux, écrit, à la date du 8 février, du Camp de Toulouse, à M. de Freycinet, délégué au département de la guerre à Bordeaux, ce rapport que M. Monnet cite comme un témoignage écrasant contre l'habillement et l'équipement des mobilisés de la Haute-Garonne. M. Monnet seul ignore que ces mobilisés n'ont jamais mis les pieds au camp de Toulouse, en sorte que le malheureux rapporteur de la Commission des marchés, pour avoir voulu trop prouver contre mon administration, produit à ma décharge la plus concluante de toutes les réfutations. Après cette rectification, il devient difficile, en effet, à la Commission départementale comme à la Commission parlementaire, de soutenir plus longtemps que, « alors que toutes les gardes mobilisées du territoire étaient prêtes à donner leur concours à la défense nationale, la garde mobilisée de la Haute-Garonne SEULE n'était pas équipée et n'aurait pu être activement employée qu'à l'époque où se signaient les préliminaires de la paix. »

Tous les arguments de M. le rapporteur de la Commission des marchés sont, du reste, de cette force, toutes ses preuves de cette valeur.

Les agents qui l'ont renseigné semblent avoir voulu lui tendre un piège pour déconsidérer cette méchante institution de l'enquête sur les marchés, qui devait être si funeste aux bureaux de la guerre et à l'administration de l'Empire. J'aurai, dans le cours de ce mémoire, plusieurs autres exemples à signaler de l'inconcevable légèreté avec laquelle M. Monnet a pris pour argent comptant toutes les bilevesées qu'il a plu à d'aimables loustics de lui faire consigner dans un rapport parlementaire.

Et puisque nous y sommes, relevons tout d'abord, avant de passer à l'examen du rapport de l'officier d'habillement Aubert sur les marchés, l'ingénieux procédé au moyen duquel M. Monnet me représente comme ayant dépensé pour l'équipement des mobilisés de la Haute-Garonne 783 francs par homme, au lieu de 60. J'ai déjà montré que sur un effectif de 11,342 homme, réduit à 10,000 par les non-valeurs, j'en avais équipé 8,500 environ, et non pas seulement 4,000, comme l'affirme M. Monnet, avec la candeur d'un rapporteur mystifié. A ce premier élément d'un calcul fantaisiste vient s'ajouter cette petite circonstance notable que, si j'ai dépensé 5,134,629 fr. 21 c. en fournitures de toutes sortes, il résulte de la situation du magasin au 31 mars 1871, c'est-à-dire après l'équipement des 8,500 mobilisés, qu'il restait en magasin 2,025,371 fr. 50 c. d'objets neufs, nullement imputables au contingent normal, puisqu'ils ont été commandés en vertu d'autorisations spéciales du ministre soit pour les second et troisième bans de mobilisés, soit pour les départements voisins, soit pour les besoins généraux de l'armée ; lesquels objets neufs ont été versés le 28 septembre 1871 aux magasins de la Guerre, suivant un état que j'ai sous les yeux, signé de M. Laurens, conseiller de préfecture, et de M. Clayeux, sous-intendant militaire.

Il est impossible que ces pièces avec les dépêches justificatives n'aient pas été communiquées à la Commission d'examen ; et, si elles l'ont été, que faut-il penser des membres de cette commission ? Nous le dirons tout-à-l'heure. Constatons d'abord que le total de mes dépenses, légitimement diminué des 2,025,371 fr. 50 c. dont je viens de parler, se trouve réduit à la somme ronde de 1,100,000 fr. qui, pour 8,500 mobilisés donne une dépense moyenne de 150 fr. par homme. Et encore serais-je fondé à calculer sur 10,000, car c'est sur cet effectif probable que j'ai fait et dû faire mes approvisionnements

J'ai à prouver qu'en effet la majeure partie de mes commandes, les deux tiers environ, avait officiellement et ostensiblement, une destination, générale ou particulière, autre que l'équipement et l'habillement du premier ban des mobilisés de la Haute-Garonne. Nul n'a le droit de l'ignorer dans l'administration ; j'écrivais le 1er mars 1871 au ministre de l'intérieur :

« Pendant la guerre, Toulouse a été en quelque sorte l'atelier national des fournitures de l'armée. Tous ou presque tous mes collègues du Sud-Ouest et même du Centre se sont adressés à moi pour une partie de leur équipement. Un jour, le ministre de la guerre, sachant que j'avais envoyé quelqu'un en Angleterre pour y acheter le menu matériel de campement, me demanda 20,000 jeux de marmites, gamelles et bidons, et M. Carré Kérisouët, du camp de Conlie, 10,000. J'ai enfin été autorisé à faire confectionner, en dehors de mes besoins, des capotes, des pantalons, des chaussures. De là mes demandes réitérées de crédit *qui ne peuvent être imputés à mon département*, car sous peu de jours, toutes les quantités commandées étant livrées, je verserai à l'Intendance tout le matériel d'habillement et de campement que j'ai fait confectionner à Toulouse ou acheter en Angleterre par suite de ces demandes, et dont l'*encombrement du port de Bordeaux et des gares a retardé la livraison*. La majeure partie des crédits que vous m'aviez ouverts dans ces derniers temps était affectée au paiement de ces *approvisionnements généraux*. J'ai encore à solder, pour l'organisation des batteries départementales, les fournitures considérables dont il n'a pas été possible d'arrêter la construction très avancée à la conclusion de l'armistice. J'ai en conséquence l'honneur de vous prier de me faire ouvrir un crédit de 400,000 fr. »

Quelques jours après, le 7 mars, je complétais les explications qu'on vient de lire par la dépêche suivante au ministre de l'intérieur :

« Par complément de ma dépêche du 1er mars et en réponse à votre lettre du 2, j'ai l'honneur de vous informer que je n'ai fait encore à la guerre aucune remise d'effets ni d'objets d'équipement ou de campement, pris sur l'excédant qui se trouve dans les magasins de notre garde mobilisée. J'attendais, pour cela, d'avoir fait payer toutes les fournitures, commandées presque entièrement comme si elles devaient servir pour les besoins des mobilisés mariés, dont l'appel, à un certain moment, était imminent, sauf à être, en dehors de cet usage, à la charge du ministère de la guerre, qui m'avait autorisé, sans limitation de nombre, à faire de nouvelles commandes qui seraient utilisées pour l'armée. Cette liquidation opérée, la Guerre aurait remboursé le montant de ce qui lui aurait été remis ; de sorte que, pour l'Intérieur, ce n'eut été qu'une avance qui, d'ailleurs, se prêterait mieux, vu le texte des marchés, à la régularité des paiements. Quel que soit le mode de libération à adopter,

il importe de ne pas laisser plus longtemps en souffrance les intérêts des fournisseurs et de mettre à ma disposition les fonds nécessaires Il me faudrait au
moins aujourd'hui quatre cent mille francs ; mais ce qui sera cédé à la Guerre
représente beaucoup plus que cette somme. Je suis prêt à faire cette cession
qui s'applique aux articles indiqués dans un état que je vous envoie par la
poste. Veuillez la faire accepter par votre collègue. »

Indépendamment des deux dépêches qui précèdent, j'adressai le
17 mars à M. le ministre de l'Intérieur un rapport d'ensemble qu'à
cause de sa longueur je relègue aux pièces annexes de ce mémoire. Et si
les preuves que je produis ainsi de la destination spéciale de la majeure
partie de mes approvisionnements ne suffisaient pas, j'y ajouterais les
dépêches suivantes du ministre de la guerre, comme specimen des
ordres nombreux que j'en avais reçus à cet égard.

Le 24 novembre, je télégraphiais au ministre de l'intérieur et de la
guerre, sur des ouvertures qu'il m'avait faites à ce sujet :

« Je peux faire confectionner, en 30 ou 40 jours, dix mille capotes belle
qualité, très fortes, à 27 fr. 50. Réponse immédiate pour ne pas manquer la
fourniture du drap.

» Puis-je aussi traiter pour dix mille paires de chaussures en sus de mes
besoins ? La matière première devient très rare. »

Le ministre répondait :

« Concertez-vous avec intendant pour confection capotes, pantalons et
souliers *en nombre illimité.* »

Plus tard, le 24 décembre, je télégraphie au ministre :

« Je fais faire 10,000 capotes et 10,000 pantalons par avance *pour les bans
ultérieurs de la mobilisée,* ou pour vos besoins généraux, si vous l'aimez
mieux. Je peux doubler ces quantités si vous le désirez. Mais je ne peux obtenir l'exécution de ces grandes quantités que de maisons considérables ayant les
matières premières et entendant les fournir. C'est le cas des 30,000 tentes
qu'on me propose, livrables fin janvier au plus tard. »

Le ministre me répond qu'il n'a pas besoin de tentes, mais immédiatement, par une autre dépêche, il me dit :

« Traitez pour quantités plus considérables de capotes et de pantalons.
Rendez compte des quantités, et concertez-vous avec l'intendant pour paiement et versement au magasin de Toulouse. »

Enfin, le 30 décembre, je recevais du ministre de la guerre l'instruction suivante :

« Achetez tous les souliers et bottes de 29, 3 ', 31 et 32 centimètres (mesure prise à l'intérieur), pouvant être fabriqués dans votre département d'ici au 31 janvier prochain, cousus, vissés ou cloués. Passez marchés d'urgence au mieux des intérêts du trésor, sans dépasser 9 francs la paire au maximum. Indiquez quantités achetées. Urgence extrême. »

Est-ce clair? — Il est impossible, je le répète, que la Commission d'examen de la Haute-Garonne n'ait pas eu connaissance de ces instructions. L'opinion publique appréciera la pensée malveillante qui les a soustraites à l'examen du rapporteur de la Commission parlementaire et l'a exposé ainsi à me calomnier et à mystifier l'Assemblée nationale elle-même.

Je veux aller tout de suite au devant d'une objection qui pourrait m'être faite. On serait, en effet, en droit de me demander pourquoi, suivant l'instruction ministérielle, je ne me suis pas entendu avec l'Intendance pour la confection, le paiement et le versement au magasin de toutes ces fournitures supplémentaires. Je n'eusse pas hésité à le faire, malgré la rivalité latente qui existait alors entre les deux administrations civile et militaire, — rivalité d'autant plus aigre à Toulouse qu'à la suite de la capitulation de Metz des faits très graves s'y étaient passés à l'encontre de nos généraux, — si les fournitures eussent été formellement destinées au service de l'armée régulière. Mais j'étais commissaire à la défense nationale en même temps que préfet; je tenais à ne pas me dessaisir de ces approvisionnements, en cas d'appel des 2e, 3e et 4e bans des mobilisés, et l'on vient de lire une dépêche où je réservais ce cas dans mes prévisions. Et voilà comment se trouve fondé le reproche de « lenteurs inexplicables » que M. Monnet ne craint pas de formuler dans son rapport à l'adresse du « sang méridional » et de notre « politique ardente ! »

Je ne veux pas allonger indéfiniment ma justification sur ce point en reproduisant les dépêches des divers services qui frappaient à ma porte pour arriver à la réalisation de leurs approvisionnements. J'ai déjà dit que de Bordeaux et du camp de Conlie des demandes m'avaient été adressées pour des bidons, gamelles et marmites de campement, en quantités beaucoup plus considérables que celles qui ont tant intrigué la Commission d'examen et excité la verve des journaux les plus graves. J'aurai à y revenir pour justifier les livraisons de ce marché. Mais je veux indiquer ici sommairement quelques-unes des demandes qui m'avaient été faites par mes collègues.

Indépendamment d'un marché de chaussures, que je lui ai fait faire, M. le préfet de l'Ariége m'avait prié de lui procurer le petit matériel de campement, 5,500 couvertures et autant de tentes, qu'il n'a pu avoir, en effet, que par mes soins.

Le préfet du Lot était compris ponr 500 jeux de bidons, gamelles et marmites dans mon approvisionnement.

Le préfet de l'Ardéche m'avait demandé 6,800 paires de souliers, 7,500 paires de guêtres en cuir, 6,500 cravates et 10,000 petites gamelles.

Le préfet des Hautes-Pyrénées, 6,000 couvertures et 6,000 paires de souliers.

Le préfet de l'Aveyron, 12,000 couvertures et autant de paires de souliers.

Je ne parle pas de ceux de mes collègues qui s'étaient adressés à moi, en bien plus grand nombre, pour faire fabriquer à Toulouse leurs batteries d'artillerie, et j'ajoute que c'est toujours sur les indications du ministère de la guerre, parfaitement au courant des soins que je me donnais pour la défense nationale, que ces demandes m'étaient faites. Tout mon excédant en souliers, tentes, couvertures et matériel de campement eût été consacré à satisfaire une partie de ces demandes, si l'armistice n'eut pas été accepté.

Ayant, je l'espère, suffisamment justifié les commandes faites par mon administration, il ne me reste plus qu'à répondre aux critiques soulevées contre mes marchés et leur exécution, par la Commission d'examen nommée le 25 avril 1871 par M. de Kératry.

Je ne calomnierai personne et n'étonnerai aucun de mes lecteurs en disant qu'une pensée essentiellement malveillante a présidé à cet acte de mon successeur : en venant déposer devant la cour d'assises de Pau sans y être appelé par la Justice et en articulant contre moi des faits notoirement faux, M. de Kératry a donné la mesure de ses sentiments à mon égard. Et, d'un autre côté, dans une occasion postérieure que je me borne à rappeler à M. Lorois, j'ai eu la preuve que cet ancien secrétaire général de la préfecture de la Haute-Garonne, chargé par M. de Kératry de présider cette commission, était digne de servir ses ressentiments sans aucun scrupule sur les moyens.

Comment d'honnêtes gens, faisant partie de la Commission d'examen présidée par M. Lorois, ont-ils pu s'associer à cette œuvre de rancune ? Pour le comprendre, il faut se reporter à l'état des esprits à l'époque qui a suivi l'entrée des troupes versaillaises à Paris, et se rappeler de quelles calomnies j'ai été personnellement l'objet après ma sortie de la préfecture de la Haute-Garonne. Sous le coup d'injustes accusations de la part de ceux-là même qui avaient été mes courtisans et qui, pour se conserver en place, détachaient le plus possible et à grand fracas leur fortune politique de la mienne, je ne voulus pas me livrer à eux et restai contumace jusqu'au jour du procès qui devait m'innocenter complétement et d'une façon d'autant plus solennelle que tous les principaux fonctionnaires du département vinrent témoigner en ma faveur. Seuls, mes amis de la veille déposèrent contre moi, *pro domo suâ*. Voilà ce qu'on ne sait pas assez à Paris ; voilà ce que feignent d'ignorer les journalistes du trône et de l'autel qui inventent chaque jour une nouvelle histoire sur le « proconsul du Midi », dont tous les actes proconsulaires n'ont été inspirés que par le plus ardent patriotisme et le zèle le plus infatigable pour la défense nationale.

J'étais donc contumace et accusé de plusieurs crimes ; on me disait passé en Espagne avec des trésors, on se montrait du doigt les hôtels que j'avais achetés à Toulouse, et j'étais si bien un homme perdu et déshonoré que les magistrats eux-mêmes qui étaient les auteurs de cette situation me faisaient dire par des amis communs de me bien tenir en lieu sûr. C'est au milieu de ce courant de l'opinion que la Commission d'examen a procédé à son enquête ; on ne saurait en méconnaître l'influence sur ses décisions, et quant à l'esprit qu'y apportaient les hommes d'initiative de cette commission mixte d'une nouvelle espèce, j'en donnerai une idée en disant que M. Lateulère, capitaine d'habillement des mobilisés, m'a déclaré devant témoins qu'on lui imposait silence chaque fois qu'il fournissait un renseignement contraire aux vues de M. Lorois, ou qu'il tentait de rectifier une des erreurs nombreuses au milieu desquelles ce fonctionnaire paraissait avoir ordre de poursuivre sa tâche.

De là, toutes les informations fausses fournies à la Commission des marchés sur les mobilisés de la Haute-Garonne ; de là, le mensonge des 4,000 hommes équipés au lieu de 8,600 ; de là, l'imputation au préfet de leur départ tardif ; de là, les trois millions de dépenses hypocritement attribués au département ; de là, l'histoire du matériel de campement approvisionné pour une armée de cent mille hommes ; de là, les 10,000 calottes introuvables ; de là, le rapport de M. Georges Périn perfidement appliqué à nos mobilisés ; de là, le jésuitique calcul qui élève à 783 fr. la dépense faite par homme ; de là enfin, l'histoire des galons et autres accusations dont il me reste à démontrer la malveillance et le peu de fondement.

Un autre indice de l'esprit qui a présidé au travail de la Commission et au rapport de M. l'officier d'habillement du 19e chasseurs à pied, c'est que, pendant que tout lui paraît détestable dans l'équipement des mobilisés, tout ou à peu près tout est pour le mieux dans les fournitures de la mobile. D'où peut donc provenir cette différence ? Sur 14 marchés passés pour ces dernières fournitures, deux seulement appartiennent à l'administration de mon prédécesseur, les douze autres sont de mon fait. Comment ai-je pu si bien opérer pour les mobiles et si mal pour les mobilisés ? Je vais le dire : C'est que les fournitures des mobiles ont été concédées aux fournisseurs ordinaires de l'Intendance et que ces fournitures ont été reçues par une commission spéciale composée d'officiers du corps. Voilà tout le mystère ! Les procédés sont les mêmes dans les deux cas : il n'y a pas plus eu d'adjudication dans l'un que dans l'autre. Seulement, il arrive que, lorsque la Commission veut expertiser les objets fournis par les entrepreneurs ordinaires de l'Intendance, on ne trouve que des « effets hors de service ». Voilà, on en conviendra, des effets bien vite usés ! Comment ! rien dans les magasins ? Pas même un de ces types-modèles que M. l'officier d'habillement Aubert est si scandalisé de ne pas trouver dans les magasins de la mobilisée ? C'est étrange ! D'autant plus que d'un *Procès-verbal de classement,* signé de MM. Laurens, conseiller de préfecture, et Clayeux, sous-intendant militaire, il résulte qu'à la date du 20 juillet 1871 il existait au magasin central de Toulouse plus de 21,000 vareuses en étoffe dite *péruvienne,* provenant à coup sûr de l'habillement de la mobile, puisque la mobilisée n'avait pas de ces vêtements, au sujet desquels tant de plaintes m'ont été adressées, à mon entrée à la préfecture. Je ne veux pas abuser de l'avantage que je pourrais retirer de cette partialité manifeste de MM. les officiers de la Commission, disant avec une bonhomie qu'on ne leur retrouve plus lorsqu'il s'agit de fournitures commandées et reçues par des pékins : « *Tout porte à croire* que les matières admises en magasin étaient conformes aux modèles-types. »

Passons à la garde nationale mobilisée. Oh! ici MM. les officiers, commandés par M. le secrétaire général Lorois, sont intraitables. La Commission qui déclare n'avoir « pu se procurer que de vagues renseignements », — tandis que la préfecture et le capitaine d'habillement m'en fournissent des montagnes qu'on m'assure avoir été mis sous les yeux de mes censeurs, — cette Commission, dis-je, m'accuse néanmoins :

1° D'avoir prodigué avec légéreté les finances de l'État ;

2° De n'avoir qu'une seule fois procédé par voie d'adjudication ;

3° D'avoir stipulé des délais trop courts, inacceptables pour les entrepreneurs sérieux et de n'avoir pas ensuite exigé qu'ils fussent observés ;

4° D'avoir accepté des excédants de livraisons ;

5° D'avoir enfin fait pour 300,000 fr. de commandes sans marché.

Ils parlent bien à leur aise de la rectitude administrative, ces Messieurs du campement, de l'habillement et de l'Intendance qui, dès le commencement de la guerre scélérate dont nous nous sommes efforcés de prévenir les conséquences désastreuses, ont laissé nos armées sans approvisionnements d'aucune sorte! Il nous ont méthodiquement conduits où nous sommes. Ils n'ont rien su prévoir ni coordonner. Emplir les magasins de marchandises défectueuses où les besoins sont nuls et les laisser vides là où nos soldats devaient éprouver toutes les privations, tel a été le plus souvent leur rôle dans cette triste guerre. Et qu'il leur sied bien d'accuser nos fournisseurs de bénéfices exagérés, lorsque la ville est scandalisée de la fortune rapide des leurs! Pour démontrer la prétendue inutilité de mes approvisionnements, M. Monnet m'oppose une dépêche de l'Intendance de la 12ᵉ division militaire attestant que le magasin de Toulouse possédait 260,000 paires de souliers, au **27** septembre. Parlons-en un peu des fournitures de l'Intendance. Les tentes *impossibles*, les souliers *à semelle de carton* signalés par le lieutenant-colonel Jacoubet sont précisément sortis de ses magasins, approvisionnés selon toutes les règles de la bureaucratie militaire. Pris au dépourvu, à un moment donné, j'acceptai de l'Intendance 10,000 paires de souliers et conclus avec son fournisseur ordinaire un marché de 2,000 tentes ; — ce sont précisément ces souliers et ces tentes que, dans sa naïveté et son ignorance radicale des faits, M. le rapporteur de la Commission des marchés me jette au visage par la lettre du lieutenant-colonel Jacoubet. Pas heureux dans ses citations et reproductions de pièces M. le député des Deux-Sèvres !

Est-ce que nous avions d'ailleurs le loisir de procéder avec la régularité ordinaire dans ces moments fébriles, où c'est précisément le temps qui nous a le plus manqué? Des adjudications? J'en ai tenté deux : pour l'habillement et les batteries d'artillerie; elles m'ont toutes deux fait perdre un bon mois, car elles n'ont été suivies d'aucun effet. Je me trompe : la maison Arqué, en soumissionnant la fourniture de 8,000 équipements, m'a valu le seul bon point que daigne m'accorder la Commission. Or, il faut qu'on sache que M. Arqué a perdu quatre mille francs à cette fourniture. L'adjudication est en effet le procédé usuel d'enrichir ou de ruiner régulièrement ses entrepreneurs. C'est le masque de la probité jeté sur le vol ou la duperie. Pour être valable, une adjudication exige un mois d'affiche. On pouvait peut-être obtenir une économie de quelques milliers de francs à y avoir recours, mais c'était un mois perdu, et, je le répète, le temps était alors plus précieux que l'argent.

La Commission me reproche aussi d'avoir stipulé dans mes marchés des délais trop courts, vingt jours lui paraissant notamment une condition inacceptable pour les entrepreneurs sérieux. Je réponds qu'ayant une fois stipulé un délai de quarante jours, je reçus du ministre (le 14 octobre) la dépêche suivante : « Quarante jours est beaucoup trop long; allez plus vite ; requérez, s'il le faut, ouvriers et matières premières. » Voilà ce que ne soupçonne pas l'administration compendieuse de la guerre. Quant à ce que la Commission appelle les *Entrepreneurs sérieux*, je les connais; je les appelle, moi, les loups-cerviers de la fourniture, et me suis efforcé de m'en préserver. Les délais écrits dans les marchés ne sont jamais rigoureusement observés par les services publics, toujours condamnés, d'ailleurs, par les tribunaux, dans les différends de cette espèce, quand ils ne peuvent justifier d'une lésion réelle, d'un intérêt incontestable à motiver une rigueur excessive. Les Compagnies de chemins de fer, toujours âpres au gain et à la chicane, ont seules, dans la pratique, maintenu leurs droits à cet égard. Il est de principe absolu de ne fixer jamais de retenues pour délais dans les marchés des Ponts-et-Chaussées. Ne sait-on pas partout, excepté parmi les officiers d'habillement, que c'est là un moyen comminatoire dont, la plupart du temps, il y aurait mauvaise foi insigne à se prévaloir.

Dois-je relever aussi le procédé béotien et très peu mathématique employé par la Commission pour préciser le retard des livraisons? Il le faut bien, car toutes ces petites perfidies font fortune et servent l'esprit de dénigrement beaucoup mieux que les critiques sérieuses. Les fournitures d'une certaine importance sont ordinairement faites en plusieurs livraisons ; il est d'usage et de toute justice de ne faire porter le retard que sur les parties réellement tardives, presque toujours insignifiantes, et l'on en fixe l'importance par une moyenne. La Commission ne connaît pas ou méconnaît à mon égard ces procédés, trop savants ou trop loyaux pour la mission qu'on lui a donnée. Elle indique simplement le jour de la première livraisons et celui de la dernière, et si celle-ci est postérieure d'un mois au délai de rigueur, n'eût-elle pour objet qu'une minime quantité, la Commission conclut carrément à un mois de retard. Il suffit de signaler ces procédés sommaires pour en faire justice et montrer en même temps dans quel esprit a été faite l'enquête sur les marchés de la Haute-Garonne.

Et le but de ces procédés est plus perfide qu'on ne pense. Il ne tend à rien moins qu'à me montrer recevant la majeure partie de mes fournitures après la conclusion de la paix, et notamment le 17 mars, jour où la Commission de réception a liquidé toutes les fournitures en admettant tous les *soldes* accumulés depuis plusieurs jours dans le magasin. Car, il faut aussi le faire remarquer, la Commission de réception des fournitures ne s'assemblait pas tous les jours ; elle attendait, pour dresser un procès-verbal, qu'une certaine quantité de livraisons fût faite, sans se préoccuper des conséquences pécuniaires de retards sans inconvénients dont elle me savait résolu à ne pas me prévaloir sans nécessité, sans intérêt réel. Les hommes de bonne foi apprécieront cette conduite : l'avis des tâtillons militaires m'importe peu.

Quant aux excédants de livraison que j'ai acceptés, il faut être exclusivement dominé par la routine bureaucratique et le machinisme soldatesque pour m'en faire un grief. Est-ce que quand je commandais 10,000 pantalons, ce nombre était rigoureusement celui des besoins, à ce point que 9,999 n'eût pas été assez et que 10,001 eut été trop ? On rit de la passivité militaire, et l'on a bien raison quand elle descend à ces puérilités. Ayant des ordres illimités, je me serais fait un scrupule de refuser un excédant sans importance, toujours utilisable par l'Etat, tandis qu'à raison de sa spécialité il eût été une non-valeur pour le fournisseur. Il est vrai que, pour donner une apparence de raison à sa critique, la Commission, toujours malveillante ou mal renseignée, range parmi les excédants de livraisons des compléments de fournitures commandés par tacite reconduction d'un marché déjà existant. La Commission relève à ce sujet : 2,000 vareuses (tuniques), fournies par M. Cathala ; 2,000 pantalons, fournis par M. Osmont ; 2,000 képis, fournis par M. Lajous ; 2,000 havresacs, fournis par M. Guy ; 2,000 paires de guêtres, fournies par M. Sena. Or, d'après un tableau général des fournitures que j'ai sous les yeux et dont la commission a dû aussi avoir connaissance, il est formellement expliqué, à la colonne d'observations, que ces suppléments ont été traités, comme je viens de le dire, par tacite reconduction de marchés antérieurs. Mais la Commission, écartant tout ce qui réduisait à néant le mandat de malveillance qu'elle avait reçu, n'a pas plus tenu compte de ces annotations que de celles qui, sur le même tableau, assignaient une destination étrangère au département pour 10,000 capotes et 10,000 pantalons qu'il convenait à sa thèse d'imputer à la Haute-Garonne.

Ceci me conduit naturellement aux 300,000 fr. de commandes sans marché. Si nous en prélevons les compléments de fournitures dont je viens de parler, dont les conditions étaient écrites dans des marchés incontestés et incontestables, et qui ne s'élèvent pas à moins de 100,000 fr.. ce chiffre se trouve tout de suite réduit d'un tiers et ne se compose plus guère que des fournitures de M. Yarz, d'un achat de tricots fait dans l'arrondissement de Saint-Gaudens par les soins du sous-préfet, et de quelques autres approvisionnements divers sans grande importance.

Dans une lettre qu'on trouvera parmi les pièces annexes de ce mémoire, M. Yarz raconte lui-même comment les choses se sont passées, et son histoire est celle des autres fournisseurs qui apportant, dans leurs rapports avec la préfecture, la même confiance, le même dévouement à la chose publique, se fiaient à ma loyauté et livraient d'urgence, suivant nos besoins, au fur et à mesure de la fabrication ou des arrivages, des marchandises qu'il n'était pas pas possible en ce moment précis de trouver ailleurs. Le moyen de faire un marché, je le demande, quand le fournisseur ne peut s'engager ni pour la quantité, ni pour le prix, ni pour le délai ?. N'est-il pas tout simple de procéder à des réceptions partielles, de fixer le prix sur le vu de la marchandise, se contenter des délais possibles et moraux et régler ensuite ? C'est ce que j'ai fait dans les cas très rares où je ne pouvais agir autrement.

Et puisque la Commission, toujours bien inspirée dans ses citations, a pris M. Yarz pour exemple, il est de mon devoir de dire ce qu'est M. Yarz. On verra si une pensée de lucre a pu motiver la régularisation tardive de ses fournitures sans marché.

M. Yarz a trois fils, qui ne remplissent peut-être pas toutes les conditions d'âge et de nationalité pour être atteints par nos lois militaires. Ces trois jeunes-gens voulurent néanmoins concourir comme francs-tireurs à la défense de leur patrie d'adoption. Bien mieux, ils se firent les organisateurs de plusieurs compagnies franches qu'ils conduisirent au feu, et le général Domalin pourrait attester le courage, l'activité et les qualités diverses que ces trois volontaires ont mis au service de la défense nationale. Quand, dans l'organisation et le recrutement incessant de leurs compagnies, se présentait une difficulté d'argent que je ne pouvais résoudre, M. Yarz la tranchait en payant de sa bourse. Les paroles valent des marchés avec des *fournisseurs* de cette espèce ; qu'en pensent les *Entrepreneurs sérieux*, si chers à la Commission ?

De M. Yarz à M. Girard, la transition est toute naturelle. Même honorabilité, même genre de fournitures, même interversion logique de l'ordre administratif et militaire des choses, c'est-à-dire le marché n'intervenant qu'après la certitude acquise de le pouvoir remplir. Il s'agit de ce matériel de campement (bidons, gamelles et marmites) dont j'ai démontré plus haut la destination multiple et dont je n'ai plus qu'à justifier la livraison tardive. L'explication que j'en vais donner s'applique à toutes les fournitures dont la matière première fut demandée à l'étranger, comme les vêtements et les couvertures, car ce retard a pour cause invariable la difficulté des transports par un hiver exceptionnellement rigoureux et l'encombrement des ports et des gares, notamment du port et de la gare de Bordeaux.

Les relations étant rompues avec l'Est et avec la Belgique, d'où nous viennent d'ordinaire les objets en fer battu, le petit matériel de campement et d'équipement manquait absolument à Toulouse. Il nous fallut tourner les yeux vers l'Angleterre. M. Girard m'offrit un jour d'aller à Birmingham voir par lui-même s'il ne pourrait pas se procurer les quantités dont tout le Midi avait besoin. J'acceptai sa proposition avec reconnaissance. A peine était-il parti que je reçus de Bordeaux, du camp de Conlie, de Rodez, de Cahors, de Foix, de Tarbes, les demandes dont j'ai parlé plus haut. J'en informai M. Girard qui, sur ces indications, retint à mon nom toute la fabrication d'une usine jusqu'à concurrence de 10,000 pièces de chaque forme, seule quantité disponible en ce moment et livrable du 10 au 25 décembre. Par suite de circonstances au nombre desquelles il faut compter les fêtes anglaises de *Christmas*, les expéditions ne purent commencer à Londres que le 2 janvier et ne furent faites que suivant le tableau ci-après :

	DÉPART DE LONDRES	ARRIVÉE A BORDEAUX	ARRIVÉE A TOULOUSE
1er envoi	2 janvier 1871	31 janvier	10 février.
2e —	17 —	31 —	4 —
3e —	23 —	2 février	8 —
4e —	25 —	10 —	14 —
5e —	28 —	10 —	16 —
6e —	2 février	22 —	27 —
7e —	7 —	14 —	2 mars
8e —	15 —	1er mars	6 —

Les livraisons furent faites au fur et à mesure de l'arrivée à Toulouse, autant que le permit l'encombrement de la gare de cette ville. Pouvais-je les refuser, même après l'armistice conclu ? N'y avait-il pas de ma part engagement moral ? Ces fournitures étaient de qualité supérieure et toujours utilisables dans l'armée. Je refusai néanmoins une dernière livraison de 955 pièces de chaque modèle, ce qui réduit à 9,000 pièces environ une fourniture que le rapport, toujours véridique à sa manière, s'obstine à porter à 10,000. Le mécompte de 12,000 fr. et plus que ce refus occasionna à M. Girard l'a mis en perte sur un marché pour lequel il s'est donné beaucoup de mal, en exposant un capital de 152,000 fr. Ce qui n'empêche pas la Commission des marchés de présenter cette affaire comme entachée de favoritisme et de nature à mettre en défaut mon administration.

J'ai si peu cédé à des considérations personnelles, qu'à de très rares exceptions près, les fournisseurs m'étaient complètement inconnus. Celui qui a le plus obtenu de moi, M. Cathala, me fut recommandé par M. le procureur de la République, dans les termes suivants :

« Bien cher et excellent préfet,

» Un de mes parents, en qui j'ai toute confiance parce que c'est un ancien négociant et un honnête homme, me prie de vous recommander Cathala, marchand tailleur, qui désire se charger d'une fourniture d'habillements pour l'armée avec un drap dont il vous présentera l'échantillon et qu'il pourra mettre à la confection dans 12 jours.

» Vous verrez M. Cathala, et si vous pouvez accepter ses conditions en même temps que lui être utile, vous obligerez votre respectueusement dévoué

» Delcurrou. »

Je vis, en effet, M. Cathala et son drap ; et, comme l'un m'était recommandé par le défenseur de la loi, comme l'autre m'offrait la garantie d'une attestation en bonne et due forme de prix et de qualité acceptés par l'Intendance, comme enfin ce prix était dans les limites qui m'avaient été assignées par le ministre de la guerre, je conclus un marché avec ce fournisseur. J'ajoute que nul n'a mieux tenu ses engagements. La Commission de réception, dans laquelle siégeait un officier du campement, l'atteste par une note reproduite dans le rapport auquel je réponds. Ma responsabilité est donc en tous points couverte. Maintenant, la Commission nommée par M. de Kératry ergote et fait des calculs sur les bénéfices exagérés que M. Cathala aurait réalisés. Je n'ai pas à les discuter, car on m'informe que, suivant marché du 13 janvier 1871, M. le sous-intendant Clayeux, un de mes censeurs, a fait confectionner, au prix de 36 fr., 2,000 capotes d'artillerie en même drap que celles que je n'ai payées que 32 fr. 50, au grand scandale de la Commission-Kératry; que le même marché consent le prix de 54 fr. pour 5,000 manteaux de cavalerie en tout pareils à ceux qui ne m'ont coûté que 53 fr. 50; et qu'enfin, par traité du 30 décembre 1870, l'Intendance a acheté 5,000 capotes, pareilles à celles de nos mobilisés, au prix de 27 fr. 50 que la Commission-Kératry juge par trop rémunérateur quand c'est la préfecture du 4 septembre qui le consent.

La Commission, grossissant les plus petits faits, relève à la charge de M. Cathala une augmentation de 500 fr. environ sur une petite quantité de vêtements dont on n'a pu, dit-elle, lui expliquer le prix élevé. Que n'écoutait-elle les informations du capitaine d'habillement, au lieu de le rudoyer et de le tenir à distance. Cet officier lui eût expliqué que la fourniture faite et calculée suivant les dimensions de l'armée, on s'aperçut qu'une levée dans laquelle appartenaient des hommes approchant la quarantaine, offrait des corpulences exceptionnelles, et qu'il fallut, pour habiller ces soldats d'un embonpoint précoce, commander environ 250 vêtements de dimensions extraordinaires, que personne ne voulait confectionner, et pour lesquels je dus consentir une augmentation de 5 fr. Puisqu'elle était en si bonne voie, la Commission aurait bien dû parler de l'habillement spécial que je fus obligé de payer au prix double des autres pour un géant à l'existence duquel M.. de Kératry, défiant comme tous les *malins*, ne voulait pas croire, et auquel il fit cadeau de son équipement, pour masquer sa déconvenue et se replier en bon ordre.

Après cet exemple et ces considérations, je ne suivrai pas mes censeurs dans la discussion des bénéfices qu'a dû réaliser chaque fournisseur. Ayant répondu pour le plus attaqué, je ne dirai rien des autres, en faisant remarquer toutefois que la retenue exercée sur les tuniques de M. Lajous, le refus d'une livraison essentiellement tardive de M. Girard, celui des tentes de M. Angrémy, des couvertures de M. Aubert-Chagny, de Villefranche, et de celles d'une maison de Rouen dont le nom m'échappe, attestent que c'est bien gratuitement que M. le rapporteur refuse « toute sanction » à mes marchés.

Je ne peux pourtant pas m'empêcher de relever encore quelques inexactitudes et de réduire à leur infime valeur quelques critiques de la Commission.

De ce nombre est l'affaire de M. Magre, tailleur, qui a reçu la somme énorme de 1,400 fr. pour « *retoucher* des vareuses et transformer 500 pantalons, 500 vareuses et 500 képis. » Si la Commission eût pris la peine de se renseigner, on lui aurait expliqué qu'il ne s'agissait pas d'une simple retouche, mais bien de convertir en vêtements de cavalerie, c'est-à-dire d'historier, galonner et garnir de basane des vêtements de fantassin, dépense de beaucoup supérieure à la confection d'un vêtement ordinaire, tellement supérieure relativement au prix de 4 fr. qui avait été consenti, que le marché fut résilié, non pas tant à cause de la conclusion de la paix, comme le dit la Commission, que parce que l'entrepreneur, peu en situation de supporter une perte, était loin de trouver son compte à cette entreprise, sans importance d'ailleurs. — Il est triste de voir l'administrateur d'un département réduit à fournir de pareilles explications après un rapport de gens dont c'était le métier de les pressentir et de les donner.

Mais tel est le mauvais vouloir de la Commission-Lorois qu'à la page 15 du rapport, elle présente le prix de 5 fr. 90 payé pour une certaine quantité de chemises, comme le prix que j'ai payé d'une manière générale, tandis qu'il y a eu des fournitures à 5 fr. 48, à 5 fr. 60 et à 5 fr. 90. J'ai dû augmenter le prix à mesure que la marchandise devenait plus rare, les circonstances plus impérieuses et que j'exigeais des dimensions plus grandes.

Je trouve une autre preuve de la partialité de cette commission dans l'estimation des prix maxima, qu'elle dit avoir pris pour base dans ses calculs. Ainsi, avant de commander des tentes-abris, j'en ai soumis le spécimen à l'Intendance, et j'ai entre les mains deux notes autographes qui répondent victorieusement aux critiques de la Commission. M. l'officier Aubert n'estime que 0 fr. 50 c. les accessoires d'une tente-abri ; M. le sous-intendant Bonnamy les porte à 0 fr. 55. L'intendance paie les tentes 6 fr. 55 c. en temps ordinaire ; je les ai payées 6 fr. 90 c. dans des circonstances graves et exceptionnelles, s'il en fut jamais. Le bénéfice de 30 p. 0/0 signalé par la Commission pour cette fourniture, est donc empreint d'exagération, comme tout le reste.

Au surplus, je renvoie le lecteur aux explications que divers fournisseurs ont données eux-mêmes, dans des lettres écrites aux journaux de Toulouse et que je reproduis à la suite de ce mémoire. On comprendra d'ailleurs qu'alors même que quelques fournitures eussent été payées à des prix élevés, il n'y a pas à s'en étonner, à raison des circonstances, de la masse des approvisionnements et de la concurrence qu'ont nécessairement dû se faire les divers services. Il a fallu faire venir de l'étranger la plupart des matières premières, et s'estimer fort heureux de les avoir telles quelles devant un besoin qui ne comportait pas de retard, et n'en avait que trop éprouvé, tenir compte enfin des exigences du mercantilisme anglais, du prix et de la difficulté des transports, et de l'intérêt des consignations exigées par avance avant toute expédition.

Quelle portée peuvent avoir, d'ailleurs, des estimations rétrospectives prenant pour base des prix arbitraires, que ne peuvent fixer sainement ceux qui ne furent pas mêlés aux grosses transactions urgentes de ce temps-là ? En toutes choses, le prix vénal ne suit-il pas les fluctuations de l'offre et de la demande, et qui oserait contester que les besoins ne fussent en ce moment supérieurs à la production ? En fait, quiconque s'est senti en mesure d'entreprendre des fournitures, a pu en avoir à Toulouse, et les a eues à des prix ratifiés, comme je viens de le dire, par les marchés de l'Intendance, et si peu exagérés, que, de toutes parts, on venait dans notre ville pour en conclure aux mêmes conditions.

J'ai à justifier l'achat de galons que le spirituel rapporteur de la Commission des marchés appelle « un sacrifice à la mode du moment. » Ce n'est certes pas sur moi que cette innocente malice doit retomber. Aussi profane que désintéressé dans la matière, je me vois obligé de donner sur ce point la parole au capitaine d'habillement, sur les indications duquel cette dépense a été faite.

La garde nationale mobilisée de la Haute-Garonne, dont l'effectif primitif était de 11,342 hommes, fut divisée en 80 compagnies d'infanterie, dont une du génie; cinq batteries d'artillerie et un escadron de cavalerie.

Chaque compagnie d'infanterie avait un sergent-major, un fourrier, 6 sergents, 12 caporaux, 4 tambours ou clairons.

Chaque batterie ou escadron avait 1 maréchal-des-logis-chef, 2 maréchaux-des-logis-fourriers, 8 maréchaux-des-logis, 12 brigadiers et 2 trompettes.

La Compagnie hors-rang comprenait en outre 3 sergents-majors vaguemestres, 3 tambours-majors (un par légion), 9 caporaux-tambours, 3 caporaux-clairons et trois musiques de 45 musiciens (une par légion).

Chaque mobilisé ayant, à raison de la rigueur de l'hiver, une vareuse-tunique et une capote, il fallait, pour ces grades divers, les longueurs suivantes :

Sergents-majors et caporaux,	2 fois 1^m 25, soit 2^m 50 et pour	1055	2637^m	50
Sergents-fourriers,	2 fois 1^m 35, soit 2^m 70 et pour	80	216	»
Sergets	2 fois 0^m 60 et pour	480	576	»
Tambours et clairons,	2 fois 0^m 95 et pour	332	630	80
Tambours-majors,	2 fois 2^m 20 et pour	3	13	20
Maréchaux des-logis-chefs et brigadiers,	2^m 20 et pour	78	171	60
Maréchaux-des-logis-fourriers,	1^m 90 et pour	12	22	80
Maréchaux-des-logis,	0^m 90 et pour	48	43	20
Musiciens,	2 fois 0^m 55, soit 1^m 10 et pour	135	148	50

4,459^m 60

En sorte que M. Monnet, qui me reproche un achat de 4,068 mètres de galon, m'en revaudrait encore 591^m 60. Mais qu'il se rassure, mes mesures étaient mieux prises qu'il ne le pense, car, ici encore comme toujours, les renseignements qui lui ont été donnés sont des plus fantaisistes. Au lieu de 2,434 mètres de galon d'argent, je n'en ai acheté que 1779^m 25 ; au lieu de 1634 mètres de galon de laine, j'en ai acheté 2834^m 15, et la dépense totale, au lieu de s'élever à 14,937 fr. 05 c. n'atteint que le chiffre de 12,700 fr. 26 c.

Arrivons aux fameuses calottes rouges, devenues légendaires par les mille floritures que la presse aimable de Frohsdorff et de Chislehurst a modulées à cette occasion. La Commission-Kératry s'est gravement demandé « à quel usage on destinait cette acquisition *de luxe* », et n'a pas résolu la question. — « Coiffure qui n'a jamais fait partie de l'uniforme des mobilisés, dit M. Monnet, et dont l'*emploi* ne nous a pas été *révélé.* » Et, comme si ce n'était pas assez de tant d'inconnu et de mystère, M. le rapporteur ajoute : « Nous devons dire ici qu'un mem- « bre de la commission d'enquête nous ayant déclaré que les 10,000 » calottes dont il a été parlé plus haut n'avaient pas été distribuées aux » soldats, nous pensions les retrouver dans l'inventaire des magasins. » — Nous devons donc nous étonner de n'en voir aucune mention. »

Venons en aide aux infirmités que ces citations révèlent. *Oculos habent et non vident.* Il ne faut cependant pas un grand effort d'imagination pour comprendre que la couleur d'une calotte n'en change ni la destination ni l'usage. Il m'est donc permis d'affirmer qu'avec un peu plus de bon vouloir, et quelle que soit la pauvreté de son imagination, la Commission-Kératry aurait pu découvrir toute seule que ces calottes étaient destinées à coiffer les mobilisés et le dire à M. Monnet, en quête d'une *révélation* à ce sujet. Au lieu du bonnet de coton, sans doute plus conforme aux goûts, aux idées et à l'humeur martiale des offficiers d'habillement, j'ai cru plus pratique, plus élégant, plus militaire, de donner à nos mobilisés, pour alterner, la nuit et durant les corvées, avec l'incommode képi, une calotte qui ne coûtât pas plus cher que les deux casques à mèche réglementaires. J'ai été d'autant plus fondé à céder à cette pensée que plusieurs officiers et soldats m'ont affirmé qu'une grande partie de l'armée de Crimée était munie de ces coiffures et qu'il en est encore de même dans certains corps en Algérie.

Quant à *l'emploi* de cette fourniture, disons à M. Monnet que 5,400 mobilisés, c'est-à-dire tous ceux qui sont partis pour le camp des Alpines, en ont reçu, et que la ville entière de Toulouse est prête à donner sur ce point un démenti formel aux membres de la Commission-Kératry qui prétendent le contraire. Cela résulte en outre de la situation authentique du magasin au 31 mars 1871, que j'ai sous les yeux ; de même que deux procès-verbaux de versement et de classement, signés de M. Clayeux, sous-intendant militaire et membre de cette Commission, dont la préfecture m'a donné communication, attestent qu'il a été versé 4,535 calottes aux magasins de l'Intendance. — Nouvel échec à M. Monnet, qui n'en a pas su trouver trace dans l'inventaire. Ai-je eu tort de lui appliquer la phrase du psalmiste ?

Un mot sur la couleur de ces calottes, rouges comme le fez du grand turc, j'en conviens, mais ni plus ni moins séditieuses.

Et quand bien même, pour exciter l'enthousiasme patriotique des populations, j'eusse eu recours aux souvenirs révolutionnaires ; où serait le mal ? Je l'ai plusieurs fois essayé dans mes discours et j'en ai toujours constaté les bons effets. — « Nous avons retrouvé le filon de l'enthousiasme ! » disais-je un jour au gouvernement dans une de mes dépêches. Et ces jours-là j'avais l'espoir que nous repousserions l'invasion. La résistance acharnée des soldats de la Commune a prouvé que la ferveur révolutionnaire est plus féconde en braves que la dévotion à Sainte-Geneviève. Malgré le terre-à-terre des riz-pain-sel de la politique, nous sommes toujours une nation d'artistes; et de même que les nombres régissent le monde matériel, les grands sentiments, dociles aux appels de l'imagination, dominent le monde des faits et gouvernent celui des intelligences et des idées.

Voilà, pourtant, comment on écrit l'histoire des hommes du 4 Septembre ! Est-il étonnant d'ailleurs que leurs adversaires les calomnient, lorsque leurs amis, leurs obligés, leurs créatures, mus par de mesquines considérations de vanité ou d'intérêt personnel, fournissent des armes au dénigrement systématique des royalistes. M. le rapporteur de la commission des marchés m'oppose, en ce qui concerne la qualité des fournitures, l'avis du commandant d'une légion de mobilisés, — la 2ᵉ et non pas la 3ᵉ — vieillard de 70 ans, que j'avais nommé, malgré son grand âge, à cause de son passé militaire et démocratique. On jugera de la valeur de ce témoignage par les erreurs grossières que je relève dans le rapport de ce lieutenant-colonel et dans les deux ou trois lettres qu'il a écrites depuis, pour justifier ses premiers dires.

Remarquons d'abord que cet officier supérieur n'a jamais vu sa légion. Tombé de cheval dès les premiers jours de son entrée en exercice, il est resté dans sa chambre pendant l'organisation des mobilisés et n'a guère revêtu l'uniforme que pour faire faire sa photographie. Aussi n'est-il pas surprenant qu'il élève à 3,994 son effectif *équipé*, qui n'était en réalité que de 2,664.

Il parle de son insistance et de son énergie pour hâter l'armement et l'équipement de ses soldats. Le colonel des trois légions et les officiers de la 2ᵉ affirment que son insistance et son énergie ne se sont donné carrière que pour faire ajourner son départ, et qu'il est, seul, cause que la 3ᵉ légion est partie aux lieu et place de la 2ᵉ; non pas pour Bourges où il n'a jamais été question de l'envoyer, mais pour le Camp des Alpines.

Il se plaint du mauvais état des fusils. M. le lieutenant-colonel Jacoubet est seul à ignorer que sa légion avait reçu provisoirement de vieux fusils hors d'usage pour apprendre l'exercice et que l'armement définitif en fusils Sprinfield était distribué à Toulouse au départ des légions.

Or, comme nous venons de le voir, grâce à son énergie et à son insistance, la sienne n'est jamais partie.

Le lieutenant-colonel Jacoubet est tellement ignorant des choses de
l'administration et est resté tellement en dehors des affaires de sa légion
que, dans une lettre publiée par les journaux de Toulouse et écrite en
vue d'atténuer l'effet de ses premières déclarations, il dit : « A l'époque
où les fournitures ont été faites à ma légion, nous étions sous la dépen-
dance du ministère de la guerre. C'est donc à l'*Intendance seule* que
doit incomber la responsabilité des fournitures défectueuses qu'elle a
acceptées. »

Un homme est jugé quand il risque de pareilles hérésies. Je suis donc
parfaitement fondé à récuser le témoignage du lieutenant-colonel Jacoubet, envers lequel j'use de générosité en bornant là les motifs de cette
récusation. La note suivante, d'un journal de Montpellier, reproduite
par la *Gazette du Languedoc* du 18 février 1871, aura une bien autre
signification que les récriminations de certains officiers supérieurs,
obéissant à un mobile personnel, que je démasquerais si l'on m'y obli-
geait.

« Les trois bataillons de la 1re légion de la garde nationale mobilisée de la
Haute-Garonne sont passés à Montpellier se rendant au camp des Alpines.

» Ces trois bataillons sont arrivés successivement à Montpellier les 14, 15 et
16 février par le chemin de fer, et repartis le lendemain de leur arrivée pour
se rendre au camp par étapes.

» CHACUN DE NOS COMPATRIOTES A PU ADMIRER LA BELLE TENUE ET L'É-
QUIPEMENT CONFORTABLE DE CETTE LÉGION. »

Ce sont des légitimistes, c'est-à-dire nos détracteurs les plus acharnés,
qui parlent de la sorte.

Je crois avoir suffisamment démontré, contrairement aux assertions
malveillantes de M. le rapporteur de la Commission des marchés, que
loin d'avoir démérité de la patrie, le département de la Haute-Garonne
a fait plus que tout autre pour la défense nationale ; que son préfet n'a
failli à aucun de ses devoirs et qu'il n'a fallu rien moins qu'un tissu de
mensonges, d'altérations de chiffres, de déguisement de pièces, pour
donner le change à la Commission, à l'Assemblée nationale et au pays.
Je renvoie donc au rapporteur trop confiant et fourvoyé les mots de légèreté, de complaisance, de faiblesse et de responsabilité qui terminent son

factum. S'il y a eu légèreté quelque part, c'est certainement chez le mandataire qui, chargé d'une mission consciencieusement investigatrice, a trouvé plus commode de prendre, les yeux fermés et de confiance, une œuvre de passion politique, de haine personnelle, de rivalité de corps et de s'en approprier les chiffres falsifiés, les assertions mensongères et les conclusions par ordre. S'il y a des responsabilités encourues, nous savons où les prendre, et nous comptons bien les évoquer le jour où la justice politique ne subira plus la pression d'une minorité factieuse, investie par les événements d'un mandat transitoire, tristement accompli, et que depuis longtemps le pays lui a virtuellement retiré.

ARMAND DUPORTAL,

Ancien préfet de la Haute-Garonne,
Membre du Conseil général de ce département.

PIÈCES ANNEXES

—

Voici le rapport d'ensemble que j'adressai au ministre de l'intérieur le 17 mars, et dont il est question à la page 13.

Toulouse, le 17 mars 1871.

Monsieur le Ministre,

Vu l'urgence de donner satisfaction aux réclamations, de jour en jour plus pressantes, des fournisseurs, j'avais répondu télégraphiquement, mais en vous transmettant tous les renseignements nécessaires, à votre dépêche du 12 de ce mois, répondant elle-même à celles que je vous avais adressées les 7 et 9, pour me procurer le plus tôt possible les moyens de payer, tout au moins en grande partie, ce qui reste dû sur les fournitures d'effets, aujourd'hui terminées, qui se trouvent en excédant aux magasins de notre garde nationale mobilisée, et le matériel livré de nos batteries départementales d'artillerie.

La question vous ayant paru trop complexe pour être traitée par le télégraphe, vous m'avez demandé des observations écrites, que je vais avoir l'honneur de vous fournir, en séparant ce qui a trait à la garde nationale mobilisée de ce qui concerne l'artillerie.

GARDE NATIONALE MOBILISÉE

Dans le principe, les commandes d'effets d'habillement, d'équipement et de campement avaient été faites pour l'effectif de 10,000 hommes auquel devait s'élever, d'après le résultat des opérations des conseils de révision, la garde mobilisée de mon département recrutée parmi les célibataires et les veufs sans enfants; mais pendant le temps, inévitablement assez long, que prenait la confection des effets commandés, les événements marchaient, les besoins grandissaient et plusieurs de mes collègues me faisaient part des difficultés qu'ils éprouvaient à se procurer chez eux tout ce qui leur fallait pour leurs mobilisés et me demandaient des fournitures qu'ils auraient acceptées avec empressement si elles avaient pu être livrées assez vite. De son côté, M. le ministre de la guerre m'invitait à faire confectionner, sans en limiter le nombre, pour les besoins ultérieurs de l'armée, tous les effets que je pourrais lui procurer et, enfin, à un certain moment, la mobilisation des mariés et des veufs avec enfants, dont le nombre dans mon département aurait dépassé 30,000, était devenue imminente ; de sorte que c'eût été compromettre l'intérêt si impérieux de la défense nationale que de ne pas se préparer à pourvoir aux besoins immédiats qui pouvaient surgir.

Les commandes faites ont donc dépassé de beaucoup ce qu'il fallait primitivement, et comme, d'ailleurs, la dépense par homme, prévue pour 60 fr. dans l'évaluation des sommes à demander aux communes, a été loin de suffire, les ressources toutes communales, centralisées à là Trésorerie générale, ont dû présenter un très grand déficit par rapport à ce qu'il y avait à payer et, cependant, pour tous les objets commandés, je me suis tenu dans les limites de prix fixées par les instructions.

L'excédant en magasin se compose des effets dont j'ai eu l'honneur, le 8 mars, de vous adresser un relevé qui en indique la valeur. Ils représentent une somme de 1,987,314 fr. 83 c. sur laquelle il reste à payer 1,100,000 fr. environ. L'extinction de cette dette doit se faire dans le moindre délai pour ne pas exposer l'administration, qui n'a agi que dans un sentiment de patriotisme allié à toute la prudence que lui commandaient les intérêts financiers à engager, à des demandes en réparation du préjudice qu'en ajournant les paiements elle porterait aux divers créanciers, dont aucun ne peut rester en avance de ce qui lui est dû et dont plusieurs même seraient obligés peut-être de déposer leur bilan s'ils n'étaient bientôt couverts de leurs avances.

Les instructions du gouvernement prescrivaient, il est vrai, de passer les marchés de manière à se ménager la faculté de se libérer, en tout ou en partie, au moyen d'obligations départementales ou de bons du Trésor, suivant le cas ; mais ce système, excellent en apparence comme propre à exclure des embarras au point de vue financier, aurait été pratiquement très onéreux, en admettant, ce qui n'est pas, qu'il eût été possible de trouver des fournisseurs qui eussent traité à cette condition, car alors le prix des marchandises aurait subi une augmentation bien supérieure à ce qu'eût représenté l'intérêt normal de l'argent. Il fallait donc y renoncer et, dans cette situation, l'état actuel des choses s'est imposé lui-même. Néanmoins, les embarras qu'il présente n'ont qu'une importance relative et, en effet, si M. le ministre de la guerre, se prêtant, comme il y a lieu de l'espérer, à des circonstances que la guerre seule a créées, consent à prendre notre excédant d'effets, dont il peut tirer un bon parti, il est facile d'arriver au paiement des créanciers. Il suffit pour cela qu'il vous avance provisoirement, sauf règlement ultérieur, les 1,100,000 fr. qui permettraient d'éteindre les dettes et nous remettrions immédiatement à l'Intendance militaire les 1,900,000 fr. et plus d'effets qui restent disponibles, remise que je vous prie de vouloir bien, si vous ne l'avez déjà fait, soumettre le plus tôt possible à son agrément. Dans le cas où cette avance ne pourrait avoir lieu, vous pourriez sans inconvénient sérieux la faire vous-même puisque vous en seriez bientôt couvert par les remboursements qu'aurait à effectuer le ministère de la guerre, en échange des livraisons, bien supérieures en valeur, qui lui seraient faites ; mais, quoi qu'il en soit, il importe, pour la régularité des paiements, d'après le texte des marchés, que les mandats émanent de moi, et il importe surtout de se libérer au plus vite des dettes contractées.

BATTERIES D'ARTILLERIE.

Les considérations que je viens d'exposer pour les effets d'habillement, d'équipement et de campement, s'appliquent, quant au mode et à l'urgence des paiements, à nos cinq batteries d'artillerie, pour lesquelles, toutefois, j'aurais fait payer en obligations départementales le prix des chevaux, que j'allais réquisitionner au moment où l'amnistie est intervenue, parce que les créances individuelles auraient pu facilement, dans ce cas, se prêter à cette combinaison. Les commandes, ici, ont été limitées à ce qui était strictement nécessaire, et comme j'ai pu contremander les caissons, les affûts et le harnachement d'une batterie, les sommes dues aux fournisseurs ne s'élèvent qu'à 275,000 fr. Or, j'ai mis en réserve au budget départemental, sous le titre de dépenses de la défense nationale, une somme de 559,765 fr. 24 sur laquelle ces dépenses seront prélevées ; mais comme les fonds ne sont pas encore disponibles, j'ai l'honneur de vous prier de vouloir bien nous en faire l'avance. Votre ministère ne peut rester longtemps à découvert. Ici encore une solution urgente est nécessaire et engage sérieusement les intérêts du département à raison du pressant besoin d'argent où se trouvent nos fournisseurs.

J'ai l'honneur d'être, etc.

Le Préfet de la Haute-Garonne,
ARMAND DUPORTAL.

———

Dès la publication dans les journaux de Toulouse du rapport de la Commission des marchés, les principaux fournisseurs ont adressé à ces journaux les lettres suivantes :

I.

Toulouse, le 5 juin 1872.

Monsieur,

Dans les numéros de votre journal en date des 2, 3 et 4 juin, se trouve un rapport présenté par M. Monnet, député des Deux-Sèvres, et relatif aux fournitures faites aux gardes mobile et mobilisée de la Haute-Garonne.

Le récit des faits, quant à ce qui me concerne, prend, dans ce document, l'apparence d'une accusation, et mon nom se trouve exposé à une suspicion vague, qui, sans rien préciser, est de nature à laisser tout croire.

En dehors de toute justice, M. Monnet jugeant sans avoir entendu les intéressés, je dois lui donner, pour mon compte, les renseignements qu'il a négligé de me demander.

1° M. Monnet blâme un marché passé après fournitures livrées.

D'après son aveu, il était impossible de fixer un délai de livraison pour des objets provenant de pays envahis. Il tombe sous le sens qu'il en était de même pour les quantités. Dès lors, comment accepter un marché ?

S'agirait-il des conditions ? — « Les prix d'achat sont bons », dit M. Monnet, en parlant des marchés passés pour la garde mobile. Or, j'ai fourni pour la garde mobilisée, au prix des marchés passés par moi, pour livraisons identiques à la garde mobile.

Cependant, j'avais, en dernier lieu, à subir des hausses considérables, et j'étais obligé de faire voyager en grande vitesse et par voie de Suisse une partie de mes fournitures, comme le prouvent les pièces annexées à mes factures. Pourquoi donc le rapporteur donne-t-il à penser, par une phrase spéciale, que, profitant de l'absence d'engagements écrits, j'ai imposé des prix exagérés, une fois les livraisons faites ?

2° Le rapport dit que la livraison de mes fournitures est du 15 mars. Erreur inconcevable ! Si le rapporteur avait pris la peine de consulter les registres de réception des magasins de la préfecture, il aurait vu que, commencée le 12 décembre, cette livraison était aux 2/3 effectuée le 1er février. La dernière portion est du 8 mars, et c'est alors que j'ai réclamé un marché, les paiements ne pouvant se faire sans cette formalité. Le rapporteur sait d'ailleurs que ce marché n'a été dressé que plus tard, après décision de la Commission d'enquête qui fonctionnait sous l'administration de M. de Kératry.

3° Le rapport, sans rien spécifier, blâme la qualité de presque toutes les fournitures faites à la garde mobilisée. J'affirme de la manière formelle que les miennes (gamelles, quarts et bidons), étaient irréprochables et pareilles, comme modèle et qualité, aux types exigés par le ministère de la guerre.

Je vous prie, Monsieur, de vouloir bien insérer dans votre journal ces quelques observations, qui rétablissent, à mon endroit, la vérité des faits présentés, dans le rapport de M. Monnet, sous une apparence qu'il m'importe de ne ne pas laisser subsister.

Veuiller agréer, Monsieur, l'assurance de ma considération la plus distinguée,

F. YARY.

II.

Toulouse, 6 juin 1872.

Monsieur le rédacteur,

Dans le rapport de la commission des marchés sur les fournitures faites aux mobilisés de la Haute-Garonne, rapport que vous avez publié, on lit le passage suivant :

« Le marché passé pour une fourniture importante de chaussures avec le
» sieur Paul, parent d'un attaché au cabinet du préfet, doit, Messieurs, arrêter
» un instant votre attention.

» La première convention faite à Toulouse, pour 20,000 paires de chaussu-
» res, est du 16 décembre 1870. Par une seconde convention, à la date du 19
» février 1871, la fourniture est réduite à 16,500 paires, et ce même jour,
» M. le préfet accorde au fournisseur une prolongation de délai jusqu'au
» 1er mai.

» Vous savez, Messieurs, dans quelle situation se trouvait la France au 19
» février ; tous les marchés passés pour la guerre étaient suspendus ; toutes
» les résiliations qu'il était possible de réaliser étaient prescrites. »

Ce passage contient à mon adresse une insinuation blessante, et contre M. le préfet de la Haute-Garonne une accusation de connivence, contre lesquelles j'ai à cœur de protester également. Je le dois d'autant plus que, par un des artifices nombreux de ce rapport, la qualité de nos fournitures est indirectement attaquée par la citation d'une lettre du colonel d'une légion de mobilisés, qui, sans qualité aucune, se permet d'articuler contre nos fournitures des faits aussi graves que mensongers.

C'est à titre de fabricant éprouvé, disposant d'un personnel et d'un matériel considérables, que j'ai accepté, et nullement sollicité, des fournitures importantes, non pas seulement pour les mobilisés de la Haute-Garonne, mais pour ceux de l'Ariége, et même pour l'armée en général. Si la position que mon fils occupait auprès du préfet a eu une influence quelconque sur ces commandes, c'est sur moi qu'elle s'est exercée, en me déterminant à renoncer à d'autres entreprises plus lucratives et moins impérieuses, pour me consacrer, à la sollicitation de M. le préfet, aux travaux de la défense nationale. Ceux de mes concitoyens qui connaissent le mouvement d'affaires de ma maison, ne douteront pas de ce que j'avance et souriront de pitié aux insinuations malveillantes du rapporteur.

Quant à la réduction du marché de 20,000 à 16,500 paires de chaussures, elle est la conséquence naturelle de la suspension des hostilités, que le rapporteur invoque si maladroitement à cette occasion pour justifier une accusation mensongère sur la date de nos livraisons.

La majeure partie de ces livraisons a été faite les 18 et 25 janvier, 1er et 2 février, 16 février, la totalité le 1er mars, c'est-à-dire deux mois au moins avant le délai du 1er mai que, d'après lui, M. le préfet m'aurait accordé bien inutilement. J'ai pu, en échange de mon consentement à la résiliation du solde de ma fourniture, stipuler un délai pour une petite quantité en train de fabrication ; mais en résiliant, de même qu'en concluant mon marché, j'ai toujours entendu et prétends encore avoir fait œuvre de patriote et non de spéculateur.

Quant à la qualité de la fourniture, c'est me faire la part belle que d'en parler. M. le colonel de la 2e ou 3e légion fait allusion à l'emploi de prétendues semelles de carton. Je donne à cette assertion le démenti le plus formel. J'ai acheté des matières de premier choix, que j'ai payées aux prix les plus élevés de cette époque.

C'est tout ce que je relève aujourd'hui dans le rapport de M. Monnet, me réservant d'exiger en temps et lieu la réparation due à un industriel honnête et consciencieux.

Veuillez agréer, Monsieur, l'expression de mes sentiments distingués,

Dominique PAUL et neveu.

III.

Monsieur le rédacteur en chef,

Vous avez publié dans votre journal le rapport de M. Monnet sur les marchés passés dans la Haute-Garonne pour l'habillement et l'équipement des mobiles et des mobilisés.

Il ne m'appartient pas d'apprécier l'ensemble de ce rapport, mais je proteste contre les erreurs qu'il contient quant aux marchés qui me concernent ; et je crois devoir les signaler à M. le rapporteur.

Il y a erreur sur la valeur des fournitures, sur l'époque des livraisons, sur le prix de main-d'œuvre, en un mot sur presque toutes les bases d'appréciations indiquées dans le rapport.

Il me semble qu'avant d'imprimer par la publicité une note de flétrissure sur des marchés contractés en des temps difficiles et qui ont été loyalement exécutés, il eût été de toute justice de demander des explications à ceux qui les avaient faits. Je ne puis, pour ma part, accepter une décision si peu éclairée, et j'attends de votre impartialité l'insertion de ma protestation dans votre journal.

En vous priant, Monsieur le rédacteur, d'agréer l'expression de mes sentiments respectueux.

CATHALA.

IV.

Toulouse, le 7 juin 1872.

Monsieur,

Je viens de lire dans votre journal le rapport de M. Monnet, au nom de la commission des marchés, relativement aux fournitures faites aux mobilisés de la Haute-Garonne.

Ce rapport contient, en ce qui me concerne, des appréciations erronées, ou qu'on peut interpréter d'une façon peu honorable pour moi.

M. Aubert, cité par M. Monnet, évalue à 36 0/0 les bénéfices réalisés sur la confection des vareuses. Ce bénéfice est énormément exagéré. Les chiffres à l'aide desquels M. Aubert établit le prix de revient des vareuses sont tous au-dessous de la réalité. Pour que M. le rapporteur puisse s'en convaincre, je tiens mes livres de comptes à sa disposition; il y verra que mon benéfice dans cette affaire, loin d'être *scandaleux*, a à peine atteint le chiffre des bénéfices ordinaires du commerce, dans une année normale.

D'autres passages du rapport peuvent faire croire que j'ai encore cherché à augmenter mes profits en ne remplissant pas mes engagements.

Ceci est fort grave, et je proteste de la façon la plus formelle contre cette insinuation.

Le rapport, citant la Commission de réception, parle de coupes défectueuses et de mauvaises matières employées.

La manière dont le rapport cite la Commission semble faire croire que le reproche de défectuosité s'applique à toute la fourniture, tandis qu'il n'est question que de quelques centaines de vareuses. La coupe défectueuse était une coupe *non réglementaire*, faite par des ouvriers peu exercés auxquels j'avais été obligé de m'adresser, à *défaut d'autres*, quoique je les payasse aussi cher. La *mauvaise matière* consistait en flanelle rouge substituée, pour le parement du col et des manches, au drap rouge que je ne pus me procurer; mais il ne s'agissait que d'un ornement, et la substitution ne nuisait en rien à la solidité de la vareuse. La Commission, du reste, en a jugé ainsi, car elle ne s'est décidée pour l'acceptation qu'après s'être bien convaincue que les défauts qu'elle avait constatés ne portaient que sur des accessoires.

Pour ce qui est du retard apporté aux livraisons, la moyenne des retards est bien moindre que ne le dit le rapport. D'ailleurs, M. le rapporteur a reconnu lui-même que le délai de 20 jours accordé était tout-à-fait insuffisant. Il ne devrait donc pas s'étonner que j'aie été dispensé, ainsi que bien d'autres, de l'indemnité pour cause de retard.

Agréez, Monsieur, l'assurance de ma considération distinguée.

LAJOUS.

V.

Monsieur le Rédacteur,

Votre journal a reproduit le rapport de M. Monnet sur les marchés de la Haute-Garonne. Personnellement attaqué par ce rapport, nous venons y répondre et vous prier d'insérer notre réponse.

Tout ce que ce rapport, rédigé sans enquête préalable et contradictoire, contient à notre sujet : faits énoncés, estimations, établissements des comptes de revient, tout est faux, absolument faux.

Il est faux, d'abord, qu'aucune de nos fournitures ait été faite par nous sans marché. Il y a eu marché pour les 8,000 pantalons, marché pour les 1,400 et les 600 destinés au génie, marché, enfin, pour les 600 de cavalerie. Et la Commission, sans daigner s'informer, ose prétendre que ces 2,600 pantalons sont un excédant fourni sans marchés, quand nous avons entre les mains tous ces marchés parfaitement en règle.

La Commission déclare ensuite que ces calculs *ont pour base le prix maximum*. S'il en était ainsi, elle n'aurait pas estimé les draps fournis par nous 6 fr. 50 c., alors que nous les payions à M. Croux cadet et Cⁱᵉ, de Lavelanet, et Antoine Anduze, de Chalabre, 7 fr. le mètre, sans aucun escompte.

Toutes ces allégations ont d'autant plus lieu de nous surprendre que, peu après l'installation de M. de Kératry comme préfet, M. Osmont fut mandé par M. le secrétaire-général Lorois, aujourd'hui préfet de l'Aude, et fut prié de justifier du prix de 12 fr. demandé pour les pantalons d'infanterie.

M. Osmont alla chercher immédiatement notre livre de facture et, séance tenante, il établit un compte de revient de concert avec M. le secrétaire-général. D'après ce compte de revient, les pantalons revenaient à 11 fr. ou 11 fr. 10 c. M. le secrétaire-général approuva et conserva le calcul fait ; il est donc étonnant qu'aujourd'hui ces pantalons soient portés par la Commission comme ne revenant qu'à 10 fr. 15 c.

Les membres de la Commission ont fait preuve d'une incompétence complète en matière commerciale dans l'établissement des comptes de revient. En effet, il n'est question dans le rapport ni du port des marchandises qu'il fallait alors faire arriver par voies rapides, ni des frais de coupe, ni des faux coupons existant à la fin de chaque pièce, ni de l'enchérissement de la main-d'œuvre, ni du travail de nuit, ni des frais de transport pour livrer chaque jour, etc., etc., etc.

Comment avoir l'idée d'établir une comparaison entre les prix demandés par les fournisseurs et les prix ministériels, alors qu'il était impossible de trouver ni draps, ni toiles, ni cuirs qu'à une hausse exorbitante ?

Un exemple suffira : Au mois d'août 1870, pendant la foire de Toulouse, un

·icant nous supplia de lui prendre deux cents pièces de drap au prix de
. 50 le mètre ; nous n'acceptâmes pas son offre. Au mois de décembre de
ième année, nous lui avons acheté ces mêmes deux cents pièces à 6 fr. 50,
t-à-dire à 3 fr. de plus par mètre, nous estimant très heureux qu'il les eût
servées.

e drap fourni par nous était croisé, en pure laine et a été adopté par l'ad-
istration de la guerre. Nous en avons fourni 15 ou 20 mille mètres à un
ociant de Marseille qui avait passé un marché avec l'Etat et qu'il a livrés à
endance des Bouches-du-Rhône. Un autre marché de dix mille mètres qui a
résilié lors de l'armistice, avait été conclu avec l'intendance de Toulouse.
mille pantalons de la même étoffe nous avaient été adjugés pour le camp
'oulouse au même prix de 12 fr. Pour cette dernière fourniture, mise en
idication, la commission composée de douze membres choisis parmi des
imes spéciaux, avait jugé que notre type devait être le préféré.
uant au marché cédé à M. Lajous, voici comment la chose s'est passée.
n principe, trois lots furent mis en adjudication : l'habillement, l'équipe-
t et les havre-sacs. Le seul lot adjugé fut celui de l'équipement, à M.
ué ; quant à ceux de l'habillement et des havre-sacs, les prix stipulés
s le cahier des charges, eu égard aux types déposés, ne permirent à per-
ne de s'engager.
a commission composée de dix membres dont MM. Bonamy, Bibent, l'astre,
oye et autres, décida que, ne pouvant attendre les délais que nécessiterait
seconde adjudication, il serait, procédé, le lendemain, par la même com-
sion et sans avoir égard aux types déposés pour la première adjudication,
hoix définitif des étoffes ou vêtements confectionnés qui seraient présen-
Personne ne manqua, et environ une quinzaine de candidats se présentè-
t. Ce fut encore le type proposé par nous qui fut accepté. Il nous fut donc
igé 8,000 tuniques, 8,000 pantalons et autant de képis.
'est alors que M. le préfet Duportal, désirant que le plus grand nombre
sible d'industriels et d'ouvriers profitassent des nombreux travaux à exécu-
nous manda à la préfecture et nous dit : « Vous êtes adjudicataires du lot de
nabillement ; la commission sait que vous avez d'autres marchés ; elle vous
ie donc de vous désister d'une partie de la fourniture en faveur de MM.
athala et Lajous, qui sont les candidats dont les types réunissaient le plus
s suffrages après le vôtre. »
ous ne connaissions pas, même de vue, M. Duportal avant cette séance,
endant nous accédâmes à sa demande pour être agréables à la commission,
si qu'à MM. Cathala et Lajous, mais surtout pour nous associer à l'idée
nanitaire de M. le préfet.

vant de passer aux retards apportés dans les livraisons, nous allons éta-
les prix de revient de chacun des trois marchés.

Pantalons d'infanterie.

1 m. 15 c. de drap à 7 fr.	8 fr. 05
Façon.	1 50
Doublure	» 65
Boutons, passepoil et boucle.	» 50
Coupe.	» 15

10 fr. 85 c.

Que l'on ajoute à cette somme les frais de transport de la marchandise, les frais généraux de toutes sortes : voyages, loyer, éclairage, employés, faux coupons, etc., et l'on verra qu'en vendant le pantalon 12 fr., nous avons été bien loin du bénéfice *minimum* de 19 pour 0/0 que la Commission prétend avoir été réalisé par nous. On remarquera cependant que la Commission porte 1 fr. 75 pour façon et que nous ne portons que 1 fr. 50.

Dans le deuxième marché, 1,400 pantalons sont identiques à ceux ci-dessus, mais pour les 600 destinés au génie et pour lesquels il existait en plus du passe-poil, deux bandes sur chaque jambe, soit quatre bandes de cinq centimètres par pantalon, il nous a été alloué 1 fr. de plus, soit 13 fr. Recherchons encore le fameux bénéfice de 19 pour 0/0 :

1 m. 15 c. de drap à 7 fr.	8 fr. 05
Façon (1).	2 » »
Doublure.	» 65
Boutons, passe-poil et boucle	» 50
Drap pour les quatre bandes. . . , . . .	1 65
Coupe. . . . . , ...	» 15

13 fr. » »

Nous avons donc vendu 13 fr. ce qui nous coûtait 13 fr. sans rien ajouter pour les frais de transport et généraux !

Quant au troisième marché, il nous a fait éprouver des pertes considérables, par suite d'un malentendu. Il était dit que les fausses bottes seraient en *peau*, sans désigner si par *peau* l'on entendait du mouton, du veau ou du cheval.

Nous avons appris à nos dépens que des peaux de mouton n'étaient pas de la peau, mais de la basane, et il nous a fallu acheter des peaux de veau. Cet achat s'est fait chez MM. Bastié et compagnie, place Saint-Pantaléon, qui nous ont vendu chaque peau, 16 fr. Or, nous n'avons pu tirer qu'une paire de fausses-bottes par peau. Les rognures ont été vendues 2 fr. pour faire des bottines, ce qui établit 14 fr. de peau par pantalon.

_____

(1) Cette augmentation n'était pas exagérée, les ouvriers ayant huit coutures de 1 m. 20 à faire en plus par chaque pantalon.

Voici le compte de revient :

1ᵐ 92 de drap pour pantalon à 7 fr.	13 45
Fausses-bottes.	14 ,,
Façon payée à M. Maire, maître tailleur d'artillerie, car aucun ouvrier civil n'a voulu se charger de cette confection.	6 ,,
Doublure.	,, 65
Bandes (2).	1 65
Boutons, passe-poil, boucle, boutons de sous-pieds et s us-pieds.	,, 75
Total.	36 50

En plus des frais de toutes sortes, nous avons donc perdu 1 fr. 50 par pantalon.

En résumé, voici les résultats de nos trois marchés :

1º Bénéfice insignifiant sur les pantalons d'infanterie ;

2º Perte sur les 600 du génie ;

3º Perte considérable sur les 600 de cavalerie.

Quant aux légers retards apportés dans les livraisons de là première fourniture, ils ne sont pas de notre fait : MM. Croux et Anduze, fabricants bien connus, nous avaient promis des envois qu'ils ne nous ont pas pu faire exactement aux jours fixés.

M. le préfet a vu l'activité surhumaine que nous apportions à remplir nos engagements, il nous en a tenu compte en nous exonérant des amendes encourues ; et nous sommes certains qu'à sa place les membres de la Commission eussent agi comme lui.

Mais, pour les autres marchés, l'hiver était arrivé, et l'on sait quel hiver ! Tous les cours d'eau étaient glacés, ce qui empêchait les roues hydrauliques de marcher et les fabriques de produire. N'y a-t-il pas là un cas bien déterminé de force majeure ?

Nous avons produit des certificats des maires de Lavelanet et de Chalabre constatant que, pendant des semaines entières, les routes étaient impraticables et que les marchandises ne pouvaient arriver aux gares de Foix et de Carcassonne.

Enfin, si nous avons apporté des retards dans nos livraisons, n'en avons-nous pas éprouvé de notre côté ? Qu'on en juge par ce qui suit :

(2) Pour les bandes, nous coupions 1 m 20 de drap rouge à 8 50, soit 10 fr. 20 ; le drap ayant 1 m. 30 de largeur, nous divisions cette largeur en bandes de 5 centimètres ; ce qui nous donnait 26 bandes, soit pour 6 pantalons 1|2. 0 fr. 20 divisé par 6 donne bien environ 1 fr. 65 par pantalon.

Le 28 février 1871, il nous était dû par l'Etat 516.000 francs, exigibles à cette date du 28 février, par suite des marchés passés.

Nous avions fait la part des éventualités et des cas de force majeure en ne prenant d'engagements envers nos fabricants que pour le 30 avril, alors que nous devions compter sur le paiement pour fin février.

Il est résulté de cette non-exécution par l'État des clauses des marchés consentis en son nom que, le 30 avril, la maison D. Osmont et Soulié-Pigny n'a pu tenir ses engagements, que sa signature a été protestée, qu'elle a même reçu une assignation d'un fabricant d'Elbeuf, qu'elle n'a pu faire ses achats pour la saison qui s'ouvrait, que son crédit a été altéré et que même des fabricants lui ont refusé des marchandises ! Cependant il lui était dû plus de cinq cent mille francs, alors qu'elle n'en devait que beaucoup moins.

Comment et quand avons-nous été payés ?

Après avoir fait un voyage à Versailles, où l'on nous éconduisit des bureaux comme des solliciteurs ennuyeux, jusqu'au jour où M. de Rémusat voulut bien nous faire rendre justice et nous permit de rentrer à Toulouse avec le crédit nécessaire au règlement de notre compte ; mais le paiement n'a été effectué que fin juin, en bons du Trésor à 30, 60 et 90 jours, ce qui fait que nous avons éprouvé *sept mois* de retard.

L'argent était cher alors et cette perte d'intérêts sur une somme de cinq cent mille francs peut se calculer par vingt mille francs, auxquels il faut ajouter les intérêts que nous avons payés, nous, aux fabricants.

Nous avons écrit à M. de Séganville, intendant divisionnaire, pour le prier de transmettre notre réclamation au ministre de la guerre, une lettre où nous faisions ressortir tout le préjudice qui nous avait été causé. Et cette lettre nous a été renvoyée par M. de Séganville avec cette annotation aussi injuste que peu parlementaire : « *Je trouve votre réclamation mal fondée et ne la » transmettrai au ministre qu'avec un avis très défavorable !* »

Lors de l'armistice, il nous est resté beaucoup de marchandises que nous avons vendues avec une perte qui ne s'est pas élevée à moins de 25 à 30 mille francs.

La Commission a donc manqué à ses premiers devoirs en ne réc'amant pas au préalable les renseignements qui précèdent et que nous lui eussions fournis de grand cœur.

Et maintenant, à quand l'enquête sur les marchés passés par d'autres que des préfets et des commissions de passage? Il sera peut-être plus facile de trouver là des bénéfices autres que ceux que nous établissons avoir faits, et plus difficile à certains de prouver qu'ils n'ont pas réalisé des bénéfices scandaleux qui dépasseraient de beaucoup les 19 pour 0/0 que la Commission nous attribue si-induement.

D. Osmont et P. Soulié-Pigny.

Toulouse, le 11 juin 1872.

TOULOUSE, IMPRIMERIE SAVY.

www.ingramcontent.com/pod-product-compliance
Lightning Source LLC
Chambersburg PA
CBHW061329050726
47595CB00005B/1844